H. P. Blavatsky

A VOZ DO SILÊNCIO

Camelot
EDITORA

CONHEÇA NOSSO LIVROS
ACESSANDO AQUI!

Copyright desta tradução © IBC - Instituto Brasileiro De Cultura, 2023

Título original: The Voice of the Silence
Reservados todos os direitos desta tradução e produção, pela lei 9.610 de 19.2.1998.

1ª Impressão 2023

Presidente: Paulo Roberto Houch
MTB 0083982/SP

Coordenação Editorial: Priscilla Sipans
Coordenação de Arte: Rubens Martim
Diagramação: Renato Darim Parisotto
Tradução: Bruna Fortunata
Revisão: Júlia Rajão
Apoio de revisão: Leonan Mariano e Lilian Rozati

Vendas: Tel.: (11) 3393-7727 (comercial2@editoraonline.com.br)

Foi feito o depósito legal.
Impresso na China

Dados Internacionais de Catalogação na Publicação (CIP) de acordo com ISBD		
B645v	Blavatsky, H. P. A Voz do Silêncio (Bilíngue) / H. P. Blavatsky. - Barueri : Camelot Editora, 2023. 48 p. ; 15,1cm x 23cm. ISBN: 978-65-85168-41-0 1. Religião. 2. Filosofia. I. Título.	
2023-1589	CDD 200	
	CDU 2	
Elaborado por Odilio Hilario Moreira Junior - CRB-8/9949		

IBC — Instituto Brasileiro de Cultura LTDA
CNPJ 04.207.648/0001-94
Avenida Juruá, 762 — Alphaville Industrial
CEP. 06455-010 — Barueri/SP
www.editoraonline.com.br

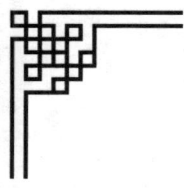
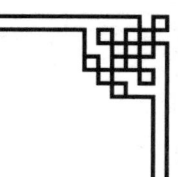

SUMÁRIO

PREFÁCIO DA PRIMEIRA EDIÇÃO 7

PRIMEIRO FRAGMENTO
A voz do silêncio 11

SEGUNDO FRAGMENTO
Os dois caminhos 22

TERCEIRO FRAGMENTO
Os sete portais 34

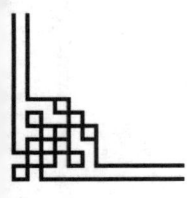
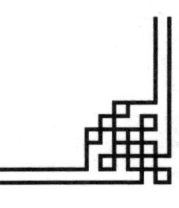

PREFÁCIO DA PRIMEIRA EDIÇÃO

As páginas a seguir são derivadas do *Livro dos Preceitos de Ouro*, uma das obras postas nas mãos de estudantes místicos do Oriente. O conhecimento dessas páginas é obrigatório naquela Escola cujos ensinamentos são aceitos por muitos teosofistas. Portanto, como conheço muitos desses Preceitos de cor, o trabalho de traduzi-los foi uma tarefa relativamente fácil para mim.

É de conhecimento comum que, na Índia, os métodos de desenvolvimento diferem de acordo com os Gurus (professores ou mestres), não só por pertencerem a diferentes Escolas de Filosofia, das quais existem seis, mas porque todo Guru tem seu próprio sistema, que geralmente mantém muito secreto. Entretanto, além do Himalaia o método das Escolas Esotéricas não difere, a menos que o Guru seja simplesmente um Lama, pouco mais instruído do que aqueles que ele ensina.

A obra de que aqui traduzo faz parte da mesma série daquela de onde saíram as "Estâncias" do *Livro de Dzyan*, nas quais se baseia a *Doutrina Secreta*. Juntamente à grande obra mística chamada *Paramârtha*, que, conta a lenda de *Nâgarjuna*, foi entregue ao grande Arhat pelos Nâgas ou "Serpentes" — nome dado aos antigos Iniciados — o Livro dos Preceitos de Ouro afirma a mesma origem. No entanto, suas máximas e ideias, por mais nobres e originais que sejam, são frequentemente encontradas sob diferentes formas em obras sânscritas, como o *Dnyaneshvari*, aquele incrível tratado místico em que Krishna descreve para Arjuna, em cores brilhantes, a condição de um Iogue totalmente iluminado; e novamente em certos Upanishads. Isso é natural, uma vez que a maioria, se não todos os maiores Arhats, os primeiros seguidores de Gautama Buddha, eram hindus e arianos, não mongóis, especialmente aqueles que emigraram para o Tibete. As obras deixadas por Âryasangha sozinhas já são muito numerosas.

Os *Preceitos* originais estão gravados em lâminas oblongas; as cópias frequentemente feitas em discos. Esses discos, ou chapas, são geralmente preservados nos altares dos templos ligados aos centros onde as Escolas chamadas "contemplativas" ou Mahâyâna (Yogâ chârya) são estabelecidas. Eles são escritos de várias maneiras, às vezes em tibetano, mas principalmente em ideogramas. A língua sacerdotal (Senzar), além de ter um alfabeto próprio, pode ser usada em vários modos de escrita, em caracteres cifrados que parecem mais com ideogramas do que com sílabas. Outro método (*lug*, em tibetano) é usar numerais e cores, cada qual correspondendo a uma letra do alfabeto tibetano (trinta letras simples, e setenta e quatro letras compostas), formando assim um alfabeto completo. Quando os ideogramas são usados, há um modo de leitura do texto; neste caso, os símbolos e signos usados na astrologia, ou seja, os doze animais zodiacais e as sete cores primárias, cada uma com três tonalidades, a mais clara, a básica e a mais escura, representam as trinta e três letras do alfabeto simples, para palavras e frases. Por isso, neste método, os doze "animais", repetidos cinco vezes e associados aos cinco elementos e sete cores, fornecem um alfabeto inteiro composto de sessenta letras sagradas e doze signos. Um sinal colocado no início do texto determina se o leitor tem que formar as palavras do modo indiano, quando cada palavra é simplesmente uma adaptação do sânscrito, ou de acordo com o princípio chinês da leitura por ideogramas. A maneira mais fácil, no entanto, é aquela que permite que o leitor não use nenhuma linguagem especial ou *qualquer* língua, visto que os sinais e símbolos eram, assim como os números e algarismos arábicos, propriedade comum e internacional dos místicos iniciados e seus seguidores. A mesma peculiaridade é característica de um dos modos de escrita chineses, que pode ser lido com a mesma facilidade por qualquer pessoa familiarizada com o símbolo: por exemplo, um japonês pode lê-lo em sua própria língua tão prontamente quanto um chinês na sua.

O *Livro dos Preceitos de Ouro* — *alguns* dos quais são pré-budistas enquanto outros pertencem a uma data posterior — contém cerca de noventa pequenos tratados distintos. Desses, memorizei trinta e nove, anos atrás. Para traduzir o resto, eu teria que recorrer a notas espalhadas em um grande número de papéis e memorandos reunidos durante os últimos vinte anos e nunca colocados em ordem, para que a tarefa se tornasse ao menos um pouco mais fácil. Ainda assim, nem todos poderiam ser traduzidos e entregues para um mundo tão egoísta e apegado aos objetos dos sentidos, que não está preparado para receber, com a devida atitude do espírito, uma ética tão elevada. Pois, a menos que o homem persevere seriamente a busca do autoconhecimento, ele nunca ouvirá com boa vontade os conselhos desta natureza.

E, no entanto, tal ética enche volumes e mais volumes da literatura oriental, especialmente nos *Upanishads*. "Mate todo o desejo de viver", diz Krishna a Arjuna. Esse desejo permanece apenas no corpo, o veículo do Eu encarnado, não no EU que é "eterno, indestrutível, que não mata nem é morto" (*Kathopanishad*). "Mate a sensação", ensina *Sutta Nipâla*; "olhe da mesma forma para prazer e dor, ganho e perda, vitória e derrota." E ainda, "Busque abrigo apenas no Eterno" (ibid). "Destrua o senso de separação", repete Krishna de várias formas. "Para o coração que segue os sentidos divagantes, estes levam embora seu julgamento como o vento leva um barco desviado sobre as águas."[1]

Portanto, achou-se melhor escolher criteriosamente apenas aqueles tratados que mais sirvam aos poucos verdadeiros místicos da Sociedade Teosófica, e que irão, com certeza, atender às suas necessidades. Somente eles vão apreciar estas palavras de Krishna-Christos, o "Eu Superior":

"Homens sábios não sofrem pelos vivos nem pelos mortos. Nunca deixei de existir, nem você, nem esses governantes dos homens; nem qualquer um de nós deixará de existir daqui em diante."[2]

Nesta tradução, fiz o meu melhor para preservar a beleza poética da linguagem e do imaginário que caracteriza o original. Até que ponto esse esforço foi bem-sucedido, cabe ao leitor julgar.

"H. P. B."

---

[1] Bhagavad Gita II, 19.
[2] Bhagavad Gita II, 15.

A Voz do Silêncio
PRIMEIRO FRAGMENTO

Estas instruções são para aqueles que não conhecem os perigos dos Iddhi[1] inferiores.

Aquele que quiser ouvir a voz de Nâda[2], o "Som Sem Som", e compreendê-la, precisa aprender a natureza do Dhâranâ[3].

Tendo se tornado indiferente aos objetos da percepção, o aluno deve buscar o Rajah dos sentidos, o Produtor do Pensamento, aquele que desperta a ilusão.

A Mente é a grande Assassina do Real.

Deixe o Discípulo matar o Assassino.

Para...

Quando para si mesmo sua forma parece irreal, como parecem, ao despertar, todas as formas que vê nos sonhos;

Quando deixar de ouvir os muitos, poderá discernir o UM — o som interior que mata o exterior.

Só então, não até então, ele deve abandonar a região de Asat, o falso, para chegar ao reino de Sat, o verdadeiro.

---

1 A palavra pâli Iddhi é o sinônimo do Siddhis sânscrito, ou faculdades psíquicas, os poderes anormais no homem. Há dois tipos de Siddhis: um grupo que aceita as energias inferiores, grosseiras, psíquicas e mentais; o outro, que exige o mais alto treinamento dos poderes Espirituais. Diz Krishna no Shrimad Bhagavat:
"Aquele que está engajado na prática de Ioga, que subjugou seus sentidos e concentrou sua mente em mim (Krishna), tais Iogues, assim como todos os Siddhis, estão prontos para servir."
2 A "Voz Sem Som" ou a "Voz do Silêncio." Literalmente, talvez deva se traduzir como "Voz no Som Espiritual", pois Nâda é a palavra em sânscrito para o termo Senzar.
3 Dhâranâ é a intensa e perfeita concentração da mente sobre algum objeto interior, acompanhada de completa abstração de tudo o que pertence ao universo externo, ou o mundo dos sentidos.

Antes que a Alma possa ver, a Harmonia interior deve ser alcançada, e os olhos carnais devem cegar-se para toda ilusão.

Antes que a Alma possa ouvir, a imagem (homem) tem que torna-se tão surda aos rugidos quanto aos sussurros, aos gritos dos elefantes furiosos quanto ao zumbido dos vagalumes dourados.

Antes que a Alma possa compreender e lembrar, ela deve estar unida ao Orador Silencioso, como a forma em que a argila é modelada uniu-se primeiro à mente do escultor.

Pois então a Alma ouvirá e se lembrará.

E então ao ouvido interno falará:

a Voz do Silêncio

E dirá:

Se tua Alma sorri enquanto se banha no Sol da Tua Vida; se tua Alma canta dentro de sua crisálida de carne e matéria; se tua Alma chora dentro de seu castelo de ilusão; se tua Alma batalha para quebrar o fio de prata que a liga ao MESTRE[4]; saiba, ó Discípulo, que tua Alma é da terra.

Quando a tua Alma[5] promissora dá ouvidos ao tumulto do mundo; quando à voz retumbante da Grande Ilusão[6] a tua Alma responde; quando se assusta ao ver quentes lágrimas de dor; quando é ensurdecida pelos gritos de angústia, quando tua Alma se retira como a tartaruga tímida vai para dentro de seu casco, saiba, ó Discípulo, que do seu "Deus" silencioso tua Alma é um santuário indigno.

Quando, ao ficar mais forte, tua Alma sai de seu refúgio seguro; quando, se desprendendo do santuário de proteção, estende o seu fio de prata e avança; quando, contemplando sua imagem nas ondas do espaço ela sussurra, "este sou eu" — declara, ó Discípulo, que a tua Alma está presa nas teias da ilusão[7].

---

4 O grande Mestre é o termo usado por Lanoos ou Chelas para indicar a Personalidade Superior. Equivale ao Avalokiteshvara, e é o mesmo que Adi-Buddha dos ocultistas do budismo, que o Atmandos Brâmanes, e que o Christos dos antigos Gnósticos.
5 Alma é usada aqui para se referir ao Eu Ou Manas Humano, a que na nossa oculta divisão setenária se chama Alma Humana em contraste com a Alma Espiritual e Almas Animais.
6 Maha-máyá, a Grande Ilusão, o universo objetivo.
7 Sakkayaditthi, a ilusão da personalidade.

Esta terra, Discípulo, é a sala da tristeza, onde são colocadas terríveis provações ao longo do Caminho, armadilhas para enlaçar o teu Eu na ilusão chamada "Grande Heresia[8]".

Esta terra, ó ignorante Discípulo, é apenas a triste entrada para o crepúsculo que precede o vale da verdadeira luz — aquela luz que nenhum vento pode extinguir, aquela luz que arde sem pavio ou combustível.

Diz a Grande Lei: "Para se tornar o conhecedor de todo ser"[9], tens primeiro de conhecer o Ser." Para alcançar o conhecimento desse ser, tens de abandonar o Eu em função do Não-Eu, e então poderá descansar entre as asas do Grande Pássaro. Sim, tranquilo é o descanso entre as asas daquilo que não nasce, nem morre, mas é o Aum[10] através de eras eternas[11].

Monte o Pássaro da Vida, se queres saber[12].

Abandona a tua vida, se queres viver[13].

Três salas, ó cansado Peregrino, levam ao fim do trabalho. Três salas, ó conquistador de Mâra, te trarão através de três estados[14] até o quarto[15] e daí para os sete Mundos[16] os Mundos do descanso eterno.

Se quiser aprender seus nomes, então ouça, e lembre-se.

O nome da primeira Sala é Ignorância — Avidyâ.

É a Sala na qual viste a luz, na qual tu vives e morrerás[17]. O nome da segunda Sala é Sala da Aprendizagem[18]. Nela a tua Alma encontrará as flores da vida, mas sob cada flor uma serpente enrolada[19]. O nome da terceira Sala é Sabedoria, para além da qual

---

8   Attavada, a heresia da crença na Alma, ou melhor, na separação da Alma ou Personalidade do Ser Universal, único e infinito.
9   O Tattvajñâni é o conhecedor ou discriminador dos princípios na natureza e no homem; e Atmajani é o conhecedor de Atman, ou Personalidade Única Universal.
10 Kala Hansa, a ave cisne. Diz o Nadavindupanishad (Rig Veda) traduzido pela Sociedade Teofófica de Kumbakonam —"A sílaba A é considerada a asa direita da ave Amsa, U, a esquerda, M, a cauda, e a Ardhamatra (meio metro) diz-se ser a cabeça."
11 A eternidade para os orientais tem um significado diferente do nosso. Geralmente representa os 96 anos ou a idade de Brahma, a duração de um Mahakalpa, ou seja, ou um período de 311.040.000.000.000 anos.
12 Diz o citado Nadavindu, "Um iogue que cavalga o Hansa (assim contempla no AUM) não é afetado por influências cármicas ou pecados."
13 Abandone a vida da personalidade física se quiser viver em espírito.
14 Os três estados de consciência, que são: Jagrat, o despertar; Svapna, o sonhador; e Sushupti, o estado de sono profundo. Estas três condições iogues levam ao quarto, que é...
15 O Turiya, o que está além do estado sem sonhos, o um acima de tudo, um estado de alta consciência espiritual.
16 Alguns místicos orientais indicam sete planos de ser, os sete lokas espirituais ou mundos dentro do corpo de Kala Hamsa, o cisne fora do tempo e do espaço, conversível em cisne dentro do tempo, quando se torna Brahma em vez de Brahman.
17 O mundo fenomênico só dos sentidos e da consciência terrena.
18 A sala da aprendizagem da época da provação.
19 A região astral, o mundo psíquico das percepções supersensuais e das visões ilusórias — o mundo dos médiuns. É a grande serpente astral de Éliphas Lévi. Nenhuma flor colhida nesse mundo foi alguma vez trazida para a terra sem que trouxesse a sua serpente enroscada navhaste. É o mundo da grande ilusão.

se estende o mar sem praias de *Akshara*, a Fonte destrutível da Onisciência[20]. Se queres cruzar a primeira Sala com segurança, não deixe a sua mente confundir os fogos da luxúria que queimam ali com a luz solar da vida.

Se queres cruzar a segunda com segurança, não pare para sentir a fragrância de suas flores embriagantes. Se queres libertar-se das cadeias cármicas, não procure o teu Guru nessas regiões *mayávicas*.

Os Sábios não se demoram em campos de prazer de sentidos.

Os Sábios não prestam atenção às vozes musicais da ilusão.

Procura aquele que te dará o ser[21], na Sala da Sabedoria, a sala que está para além, onde todas as sombras são desconhecidas e onde a luz da verdade brilha com glória imperecível.

O que é incriado permanece em ti, Discípulo, como permanece naquela Sala. Se queres possuí-lo e unir os dois, deve se despir de seus negros trajes de ilusão. Abafe a voz da carne, não permita que nenhuma imagem dos sentidos fique entre a sua luz e a tua, para que assim as duas se fundam em uma. E tendo aprendido a tua própria *Ajñâna*[22], deixe a Sala de Aprendizagem. Esta Sala é perigosa pela beleza pérfida, e só é necessária para a tua provação. Cuidado, Lanu, para que sua Alma não se deslumbre pelo brilho ilusório, e demore e seja apanhada pela enganosa luz.

Esta luz brilha da joia do Grande Enganador (Mâra)[23]. Os sentidos que ela enfeitiça cegam a mente e deixam o descuidado como um náufrago abandonado.

A mariposa atraída pela chama deslumbrante da tua lâmpada está fadada a perecer no óleo viscoso. A incauta Alma que não consegue lidar com o demônio zombeteiro da ilusão retornará à terra como escravo de Mâra.

---

20 A região da plena consciência espiritual, para além da qual já não há perigo para quem lá chegou.
21 Ao Iniciado, que conduz o discípulo, pelos conhecimentos que lhe ministra, à sua segunda nascença, ou nascença espiritual, chama-se o pai, Guru ou Mestre.
22 Ajñâna é ignorância ou não sabedoria, o oposto de Conhecimento, Jnana.
23 Nas religiões exotéricas, Mâra é um demônio, um Asura, mas na filosofia esotérica é a personificação da tentação pelos vícios humanos, e traduzido literalmente significa "aquilo que mata" a alma. É representado como um Rei (dos Mâras) com uma coroa na qual uma joia brilha tanto que cega quem a olha, esse brilho referindo-se, é claro, ao fascínio exercido pelo vício sobre certas naturezas.

Contemple as Hostes de Almas. Observe como pairam sobre o tempestuoso mar da vida humana, e como, exaustas, sangrando, de asas quebradas, elas caem uma após a outra nas ondas enfurecidas. Jogadas pelos ventos ferozes, perseguidas pelos vendavais, vão à deriva até os sorvedouros e desaparecem dentro do primeiro grande vórtice.

Se através da Sala da Sabedoria, você chegar ao Vale da Felicidade, Discípulo, feche bem os teus sentidos contra a grande e terrível heresia da separação que te afasta do resto.

Não deixe que o teu "Nascido no Céu", fundido no mar de Mâyâ, rompa com a Fonte Universal (Alma), mas deixe o poder ardente se retirar para o lugar mais íntimo, a câmara do Coração[24], e a morada da Mãe do Mundo[25].

Então, esse Poder subirá do coração para o sexto, à região média, ao lugar entre os teus olhos, e se transformará no sopro da Alma Única, a voz que enche tudo, a voz do teu Mestre.

Só então você pode se tornar um "Andarilho do Céu"[26], que caminha nos ventos sobre as ondas, cujo passo não toca as águas.

Antes de colocar o pé sobre o degrau superior da escada, a escada dos sons místicos, deve ouvir a voz do teu Deus interior[27] de sete maneiras.

A primeira é como a voz suave do rouxinol cantando uma canção de despedida para sua companheira.

A segunda vem como o som de um címbalo de prata dos Dhyânis, despertando as estrelas brilhantes.

A próxima é como o lamento melodioso da entidade do oceano aprisionada em sua concha.

E essa é seguida pelo canto de Vinâ[28].

---

24 A câmara interior do coração, chamada em sânscrito Brahma-Pura. O "poder ígneo" é Kundalini.
25 O "Poder" e a "Mãe de Mundo" são nomes dados a Kundalini — um dos "poderes místicos dos Iogues". É o Budi considerado como um princípio ativo em vez de passivo (o que é geralmente, quando considerado apenas como o veículo, ou cofre do Espírito Supremo Atman). É uma força eleto-espiritual, um poder criador que quando chamado para entrar em ação pode matar tão facilmente quanto pode criar.
26 Um Keshara, um "caminhante do céu" ou "andarilho do céu". Como é explicado no sexto Adhyâya daquela obra suprema entre os tratados místicos, o Dnyaneshvari, o corpo do iogue se torna como formado pelo vento; como "uma nuvem da qual surgiram membros". Depois disso, "ele (o iogue) vê as coisas além dos mares e das estrelas; ele escuta a linguagem dos Devas e a compreende, e percebe o que está passando pela mente de uma formiga."
27 O Eu superior.
28 Vinâ é um instrumento de cordas indiano similar a um alaúde.

A quinta soa como uma flauta de bambu estridente em sua orelha.
Ela se transforma em seguida em um toque de trombeta.
A última vibra como o estrondo surdo de um trovão.
A sétima engole todos os outros sons. Eles morrem, e então não são mais ouvidos.

Quando os seis[29] são mortos e colocados aos pés do Mestre, então o aluno se une ao Um[30], torna-se aquele Um e vive nele.

Antes de entrar nesse caminho, deves destruir seu corpo lunar[31], limpar teu corpo mental[32] e tornar puro o teu coração.

As águas puras da vida eterna, límpidas e cristalinas, não podem se misturar às torrentes lamacentas da tempestade de monção.

A gota de orvalho do céu que brilha dentro da flor de lótus no primeiro raio de sol da manhã, torna-se um pedaço de barro quando cai na terra; eis que a pérola agora é uma partícula de lodo.

Lute com teus pensamentos impuros antes que eles te dominem. Use-os como eles querem usar você, pois se poupá-los e eles criarem raízes e crescerem, saiba que esses pensamentos te dominarão e matarão. Cuidado, Discípulo, não deixe sequer que a sombra deles se aproxime. Pois crescerá, aumentará em tamanho e poder, e então essa coisa de escuridão absorverá teu ser antes que repare na presença desse monstro negro.

Antes que o "Poder místico"[33] possa fazer de ti um Deus, Lanu, deves ter adquirido a capacidade de matar tua forma lunar quando quiseres.

O Eu da Matéria e o Eu do Espírito nunca podem se encontrar. Um dos dois deve desaparecer; não há lugar para ambos.

Antes que a mente da tua Alma possa entender, o broto de personalidade deve ser esmagado; e o verme dos sentidos deve ser destruído além da possibilidade de ressurreição.

---

29 Os seis princípios; ou seja, quando a personalidade inferior é destruída e a individualidade interior se funde e se perde no Sétimo ou Espírito.
30 O discípulo se torna Um com Brahma ou Atma.
31 A forma astral produzida pelo princípio cármico, o Kama rupa, ou corpo de desejo.
32 Manasa Rupa. O primeiro se refere ao ser astral ou pessoal. O segundo à individualidade, ou Eu reencarnante, cuja consciência no nosso plano, o Manas inferior, tem de ser paralisada.
33 Kundalini, o "Poder da Serpente", ou fogo místico. Kundalini é chamado de poder "Serpentino" ou anelar por conta da forma espiral que funciona ou progride no corpo do asceta que está desenvolvendo o poder em si mesmo. É um poder oculto de fogo elétrico e ígneo, a grande força primitiva que está subjacente a toda matéria orgânica e inorgânica.

Não podes trilhar o Caminho antes de tornar-se esse próprio Caminho[34].

Que tua Alma dê ouvidos a cada grito de dor como a flor de lótus desnuda se abre para beber o sol da manhã.

Não deixe o Sol forte secar uma lágrima de dor antes que tu mesmo a limpe dos olhos daquele que sofre.

Mas faça com que cada ardente lágrima humana caia em seu coração e lá permaneça; nunca a retire antes que a dor que a causou seja removida.

Estas lágrimas, ó tu de coração misericordioso, são os rios que irrigam os campos da caridade imortal. É em tal solo que cresce a flor da meia-noite de Buddha[35], mais difícil de encontrar, mais raro de ver, do que a flor da árvore Vogay. É a semente da libertação dos renascimentos. Ela isola o Arhat tanto do conflito quanto da luxúria, o conduz através dos campos do Ser até a paz e felicidade conhecidas apenas na terra do Silêncio e do Não-Ser.

Mate o desejo; mas se o matares, tome cuidado para que não ressurja dos mortos.

Mate o amor da vida; mas se matares Tanhâ[36], que não seja pela sede da vida eterna e sim para substituir o que é passageiro pelo que é eterno.

Não desejes nada. Não se irrite com o Carma, nem com as leis imutáveis da Natureza. Lute apenas com o que é pessoal, com o transitório, o evanescente e o perecível.

Ajude a Natureza e trabalhe com ela; e a Natureza vai respeitar-te como um de seus criadores e te obedecerá.

E ela abrirá diante de ti os portais de seus aposentos secretos, desnudará diante de teu olhar os tesouros escondidos nas profundezas de seu seio virgem e puro. Imaculada pela mão da Matéria, ela mostra

---

34 Este "Caminho" é mencionado em todas as obras místicas. Como Krishna diz no Dnyaneshvari: "Quando este caminho é contemplado... quer se parta para a floração do leste, ou para as câmaras do oeste, é sem se mover que essa estrada deve ser percorrida. Nesse caminho, para qualquer lugar que alguém vá, o ser do andarilho se transforma no lugar buscado." "Tu és o Caminho", é dito ao Adepto Guru, e por ele ao discípulo, após a iniciação." Eu sou a estrada e o Caminho", diz outro Mestre.
35 O Adaptado: "a floração do Bodhisattva".
36 Tanha: "a vontade de viver", o medo da morte e o amor pela vida, a força ou energia que causa o renascimento.

seus tesouros somente ao olho do Espírito — o olho que nunca se fecha, o olho para o qual não há véu em todos os seus reinos.

Então ela te dará os meios e o caminho, o primeiro portão e o segundo, o terceiro, até o sétimo. E então, o objetivo; além do qual estão banhadas na luz solar do Espírito, glórias incalculáveis, invisíveis para todos, exceto para o olho da Alma.

Há apenas uma estrada para o Caminho; só no seu fim a Voz do Silêncio pode ser ouvida. A escada pela qual o Discípulo sobe é formada por degraus de sofrimento e dor; e estes só podem ser silenciados pela voz da virtude. Ai, então, de ti, Discípulo, se houver um único vício que não deixaste para trás; pois a escada cederá e te derrubará. Sua base se apoia na lama profunda de seus pecados e falhas, e antes que possa tentar atravessar este grande abismo de matéria, precisa lavar os pés nas Águas da Renúncia. Cuidado para não colocar um pé ainda sujo no primeiro degrau da escada. Ai daquele que ousar sujar um degrau com os pés enlameados. A lama suja e viscosa secará, se tornará pegajosa, então fará com que seus pés se grudem no lugar. E como um pássaro apanhado pelo astuto caçador, não conseguirá progredir. Seus vícios tomarão forma e irão arrastá-lo para baixo. Seus pecados levantarão suas vozes como a risada e o soluço do chacal depois que o sol se põe; seus pensamentos se tornam um exército, e o levam como um cativo escravo.

Mate teus desejos, Lanu, deixe teus vícios impotentes, e o primeiro passo em direção à jornada solene será dado.

Estrangule os teus pecados e torne-os mudos para sempre, antes que levante um pé para subir a escada.

Silencie seus pensamentos e fixe toda a sua atenção no Mestre, aquele a quem ainda não vês, mas a quem sente.

Funde todos seus sentidos em apenas um, se quiser estar seguro contra o inimigo. É somente por esse sentido que está escondido dentro do vazio de teu cérebro, que o caminho íngreme que conduz ao teu Mestre pode ser revelado diante dos olhos turvos da tua Alma.

Longo e cansativo é o caminho diante de ti, ó Discípulo. Um único pensamento sobre o passado que você deixou para trás arrastará você para baixo e terá que começar a subir novamente.

Mata em ti mesmo toda a memória de experiências passadas. Não olhe para trás ou estará perdido.

Não acredite que a luxúria pode ser destruída sendo gratificada ou saciada, pois esta é uma abominação inspirada por Mâra. É alimentando o vício que ele se expande e torna-se forte, como o verme que cresce no botão da flor.

A rosa deve tornar-se novamente o botão, nascido do caule de seu criador antes que o parasita tenha comido seu coração e bebido sua a seiva de sua vida.

A árvore dá flores de joias antes que seu tronco seja destruído pela tempestade.

O Aluno deve retornar ao estado de infância que perdeu para que o primeiro som possa soar em seu ouvido.

A luz do Único Mestre, aquela luz dourada que não desvanece, vinda do Espírito, lança seus raios refulgentes sobre o Discípulo desde o início. Seus raios atravessam as espessas e escuras nuvens de Matéria.

Agora aqui, agora ali, esses raios iluminam, como raios de sol iluminam a Terra através da folhagem espessa que cresce na floresta. Mas, ó Discípulo, a menos que a carne esteja passiva, a mente calma, e a Alma tão firme e pura como um diamante flamejante, o brilho não alcançará a câmara, sua luz do sol não aquecerá o coração, nem os sons místicos das alturas akashicas[37] alcançarão os ouvidos, por mais que estejam atentos, no estágio inicial.

A menos que ouças, não poderás ver.

A menos que vejas, não poderás ouvir. Ouvir e ver é o segundo estágio.

Quando o Discípulo vê e ouve, e quando cheira e prova com os olhos fechados, os ouvidos tampados, com a boca e narinas imóveis;

---

[37] Os sons místicos, ou a melodia, ouvida pelo asceta no início de seu ciclo de meditação, chamada Anahad-shabd pelos iogues.

quando os quatro sentidos se misturam e estão prontos para passar para o quinto, o sentido do tato interior... aí então ele passou do quarto estágio.

E no quinto, ó assassino dos teus pensamentos, todos esses têm que ser mortos novamente além da possibilidade de ressurreição[38].

Afaste a tua mente de todos os objetos externos, de todas as visões externas. Guarde as imagens internas, para que elas não lancem uma sombra escura na Luz da tua alma.

Tu estás agora em Dhâranâ[39], o sexto estágio.

Quando tiveres passado para o sétimo, ó feliz, não perceberás mais os Três sagrados[40], porque terá tu mesmo se tornado o Três. Tu mesmo e a mente, como gêmeos em uma linha, a estrela que é teu objetivo brilha no alto[41]. Os Três que habitam em glória e em bem-aventurança inefáveis, agora perderam seus nomes no Mundo de Mâyâ. Transformando-se em uma estrela, o fogo que arde, mas não queima, aquele fogo que é o Upâdhi[42] da Chama.

E isso, ó Iogue do sucesso, é o que os homens chamam de Dhyâna[43], o verdadeiro precursor do Samâdhi[44].

E agora teu Eu está perdido no Eu, Tu mesmo para Ti Mesmo, fundido Naquele Eu do qual tu primeiro irradiaste.

---

38 Isso significa que no sexto estágio de desenvolvimento (que, no sistema Oculto, é Dhâranâ), todos os sentidos considerados como funções individuais têm que ser "mortos" (ou paralisados) neste plano, passando e fundindo-se com o Sétimo sentido, o mais espiritual.
39 Veja a nota número 3.
40 Cada estágio de desenvolvimento no Rajah Yoga é simbolizado por uma figura geométrica. Este é o Triângulo sagrado e precede Dhâranâ. O △ é o signo dos altos Chelas, enquanto outro tipo de triângulo é o dos altos Iniciados. É o símbolo "eu" discursado por Buddha e usado por ele como um símbolo da forma encarnada de Tatagata quando libertado dos três métodos do Prajñâ. Passados os estágios preliminares e inferiores, o discípulo não vê mais o △, mas sim o —, que é a abreviatura do —, o Setenário completo. Sua verdadeira forma não é dada aqui, pois quase certamente seria usada por alguns charlatães e profanada em seu uso para fins fraudulentos.
41 A estrela que queima no alto é "a estrela de iniciação." A marca da casta dos Shaivas, ou devotos da seita de Shiva, o grande patrono de todos os iogues, é uma mancha redonda e preta, o símbolo do Sol, agora, talvez, mas o da estrela da iniciação, no Ocultismo, nos tempos antigos.
42 A base, upâdhi, da sempre inalcançável Chama, enquanto o asceta ainda estiver nesta vida.
43 Dhyâna é o último estágio antes da final nesta Terra, a menos que se torne um Mahatma completo. Como já foi dito, neste estágio que o Raja Iogue ainda é espiritualmente consciente do Eu, e da função de seus princípios mais elevados. Mais um passo e ele estará no plano além do Sétimo, o quarto segundo algumas Escolas. Estas, após a prática do treinamento preliminar de Pratyeharama, a fim de controlar a mente e os pensamentos, contam Dhascna, Dhyâna e Samâdhi e incluem as três sob o nome genérico de Sannyama.
44 Samâdhi é o estado em que o asceta perde a consciência de cada individualidade, incluindo a sua. Ele torna-se — o Todo.

Onde está tua individualidade, Lanu, onde o Lanu está, ele mesmo? É a faísca perdida no fogo, a gota dentro do oceano, o raio sempre presente torna-se o Todo e o brilho eterno.

E agora, Lanu, tu és o executor e a testemunha, o radiador e a radiação, a Luz no Som, e o Som na Luz.

Tu conheces os cinco impedimentos, ó abençoado. Tu és o conquistador deles, o Mestre do sexto, libertador dos quatro modos da Verdade[45]. A luz que cai sobre eles brilha de ti mesmo, ó tu que era Discípulo, mas agora é o Professor.

E desses modos de Verdade...

Não passaste pelo conhecimento de toda dor — a primeira verdade?

Não conquistaste o Rei dos Mâras em Tsi, o portal de reunião — a segunda verdade?[46]

Não destruíste o pecado à terceira porta, alcançando a terceira verdade?

Não entraste em Tau, o "Caminho" que conduz ao conhecimento — a quarta verdade?[47]

E agora, descanse sob a árvore Bodhi, que é a perfeição de todo conhecimento, pois, saiba, tu és o Mestre de Samâdhi — o estado da visão impecável.

Veja! Tu te tornaste a Luz, tu te transformaste no Som, tu és teu Mestre e teu Deus. Tu mesmo és o objeto de tua busca: a Voz ininterrupta, que ressoa pelas eternidades, isenta da mudança, isenta de pecado, os Sete Sons em um,

A Voz do Silêncio.

Om Tat Sat.

---

45 Os "quatro modos da verdade" são, no budismo do norte: Ku, "sofrimento ou miséria"; Tu, o conjunto de tentações; Mu, "suas destruições"; e Tau, o "caminho". Os "cinco impedimentos" são o conhecimento da miséria, a verdade sobre a fragilidade humana, as restrições opressivas e a absoluta necessidade de separação de todos os laços da paixão, e até mesmo de desejos. O "Caminho da Salvação" é o último impedimento.
46 No portal de "reunião", o rei dos Mâras, o Maha Mâra tenta cegar o discípulo através do brilho da sua "Joia".
47 Este é o quarto "Caminho", dos cinco caminhos de renascimento que conduzem todos os seres humanos e os lançam em estados perpétuos de dor e contentamento. Estes "Caminhos" são apenas subdivisões do Único caminho, o Caminho seguido pelo Carma.

Segundo fragmento

OS DOIS CAMINHOS

E agora, ó Mestre da Compaixão, mostre o caminho para outros homens. Olhe todos os que, procurando admissão, esperam na ignorância e na escuridão, para ver o portão da Suave Lei escancarado!

A voz dos Candidatos:

Não deves tu, Mestre de tua própria Misericórdia, revelar a Doutrina do Coração?[48]

Irá se recusar a liderar teus Servos para o Caminho da Libertação?

Diz o Professor:

Os Caminhos são dois; as grandes Perfeições, três; seis são as Virtudes que transformam o corpo na Árvore do Conhecimento[49].

Quem se aproximará deles?

Quem entrará primeiro neles?

Quem primeiro ouvirá a doutrina dos dois Caminhos em um, a verdade revelada sobre o Coração Secreto?[50] A Lei que, rejeitando o aprendizado, ensina a Sabedoria, revela uma história de dor.

---

48 As duas escolas da doutrina de Buddha, a Esotérica e a Exotérica, são chamadas respectivamente de Doutrina do Coração e Doutrina do Olho. Na China (de onde os nomes chegaram ao Tibete) a Bodhidharma, religião da sabedoria, as qualificava de Tsung-men (escola esotérica) e Kiau-men (escola exotérica). A primeira é chamada assim porque é o ensinamento que emanou do coração de Buddha Gautama, e a Doutrina do Olho foi o produto da sua cabeça ou cérebro. A Doutrina do Coração também é chamada de "selo da verdade" ou "verdadeiro selo", um símbolo encontrado na abertura de quase todas as obras esotéricas.

49 A "árvore do conhecimento" é um título dado pelos seguidores do Bodhidharma àqueles que alcançaram o auge do conhecimento místico: os Adeptos. Nâgarjuna, o fundador da Escola Mâdhyamika, foi chamado de "Árvore do Dragão", o dragão em pé simboliza Sabedoria e Conhecimento. A árvore é homenageada porque foi sob o Bodhi (sabedoria) Árvore que Buddha recebeu seu nascimento e iluminação, pregou seu primeiro sermão e morreu.

50 "Coração Secreto" é a Doutrina Esotérica.

Ai, ai de nós, como é lamentável que todos os homens possuam Alaya e sejam um com a Grande Alma, mas que mesmo com Alaya, tirem dela tão pouco proveito!

Veja como da mesma forma que a lua se reflete nas ondas tranquilas, Alaya é refletida pelos pequenos e pelos grandes, é espelhada nos mais ínfimos átomos, mas não chega ao coração de todos. Infelizmente, tão poucos homens aproveitam o dom, a dádiva inestimável de conhecer a verdade, a verdadeira percepção das coisas existentes, o conhecimento do inexistente!

Diz o aluno:

Ó Mestre, o que devo fazer para alcançar a Sabedoria?

Ó Sábio, o que, para alcançar a perfeição?

Procure os Caminhos. Mas, ó Lanu, esteja com o coração puro antes de iniciar sua jornada. Antes de dar o primeiro passo, aprenda a discernir o real do falso, o breve do eterno. Aprenda, acima de tudo, a separar o aprendizado Mental da sabedoria da Alma, a doutrina do "Olho" da doutrina do "Coração".

Sim, a ignorância é como um vaso fechado e sem ar; a alma é como um pássaro silenciado lá dentro. *Não cantar*, nem pode agitar uma pena, o cantor mudo fica imóvel e entorpecido, e morre de exaustão.

Mas mesmo a ignorância é melhor do que o aprendizado Mental sem nenhuma sabedoria da Alma para iluminá-lo e guiá-lo.

As sementes da Sabedoria não podem brotar e crescer em um espaço sem ar. Para viver e colher experiência, a mente precisa de amplitude, profundidade e pontos para atraí-la para a Alma de Diamante[51]. Não busque esses pontos no reino de Mâyâ; mas eleva-te acima das ilusões, procure o eterno e imutável Sat[52], desconfie de falsas sugestões fantasiosas.

---

51 A Alma de Diamante, Vajrasattva, um título do Buddha supremo, Senhor de todos os mistérios, chamado Vajradhara e Adi-Buddha.
52 Sat, a única realidade e verdade eterna e absoluta, sendo todo o resto ilusão.

Pois a mente é como um espelho; acumula poeira enquanto reflete[53]. Precisa das brisas suaves da Sabedoria da Alma para limpar a poeira das nossas ilusões. Busque, ó Iniciante, unir tua Mente e tua Alma.

Evite a ignorância e, da mesma forma, evite a ilusão. Desvie teu rosto das ilusões do mundo: desconfie de teus sentidos; eles são falsos. Mas dentro do teu corpo — o santuário da tua sensação — busque no Impessoal o "Homem Eterno"[54]; e, tendo o procurado, olhe para dentro: tu és Buddha[55].

Evite o elogio, ó, Devoto. O elogio leva à autoilusão. Teu corpo não é o Eu, teu Eu é em si mesmo sem corpo, e o elogio ou a crítica não o afetam.

A vaidade, ó Discípulo, é como uma torre alta, à qual um tolo orgulhoso subiu. Lá ele se senta solitário e orgulhoso, sem ser percebido por ninguém além de si mesmo.

O falso aprendizado é rejeitado pelos Sábios e espalhado aos Ventos pela Boa Lei. Sua roda gira para todos, tanto para os humildes como para os orgulhosos. A "Doutrina dos Olhos"[56] é para a multidão; a "Doutrina do Coração" para os escolhidos. Os primeiros repetem com orgulho: "Veja, eu sei"; os últimos, que humildemente fizeram sua colheita, confessam em voz baixa: "Assim eu ouvi"[57].

"Grande Peneira" é o nome da "Doutrina do Coração", Ó Discípulo.

A roda da Boa Lei move-se rapidamente. Mói noite e dia. Tira o joio do trigo, a casca da farinha. A mão do Carma guia a roda; as voltas marcam as batidas do coração cármico.

O verdadeiro conhecimento é a farinha, o falso é a casca. Se queres comer o pão da Sabedoria, a tua farinha deve ser amassada

---

53 Da doutrina de Shin-Sien, que ensina que a mente humana é como um espelho que atrai e reflete cada átomo de poeira, e tem que ser, como esse espelho, cuidada e limpa todos os dias. Shin-Sien foi o sexto patriarca da China Setentrional, que ensinou a doutrina esotérica do Bodhidharma.
54 O Eu reencarnante é chamado pelos Budistas do Norte de o "verdadeiro homem", que se torna, em união com seu Eu Superior, um Buddha.
55 Buddha significa "Iluminado".
56 Ver nota número 48. O Budismo Exotérico das Massas.
57 A fórmula usual que precede as escrituras Budistas, e significa que aquilo que se segue foi registrado pela tradição oral direta de Buddha e dos Arhats.

com as águas límpidas de Amrita[58]. Mas se amassas as cascas com o orvalho de Mâyâ, podes criar comida para as pombas negras da morte, os pássaros do nascimento, da decadência e da tristeza.

Se disserem que para se tornar Arhan é preciso deixar de amar todos os seres — diz a eles que mentem.

Se disserem que para conseguir a libertação tem que odiar a tua mãe e descuidar do teu filho; tem que repudiar o teu pai e chamá-lo de "dono da casa"[59], que renunciar a compaixão por todos os homens e animais — diga a eles que suas palavras são falsas.

Assim ensinam os Tîrthikas, os descrentes[60].

Se te ensinarem que o pecado nasce da ação e a felicidade da absoluta inação, diz a eles que estão errados. A impermanência da ação humana, a libertação da mente da escravidão pela cessação do pecado e das culpas, não são para os "Eus Devas"[61]. Assim diz a "Doutrina do Coração".

O Dharma do "Olho" é a personificação do externo e do inexistente.

O Dharma do "Coração" é a personificação do Bodhi[62], o Permanente e Eterno.

A Lâmpada brilha quando o pavio e o óleo estão limpos. Para limpá-los um limpador é necessário. A chama não sente o processo da limpeza. "Os galhos de uma árvore são sacudidos pelo vento; o tronco permanece impassível."

Tanto a ação quanto a inação podem encontrar espaço em ti; teu corpo agitado, tua mente tranquila, tua Alma tão límpida quanto o lago de uma montanha.

Queres se tornar um Iogue do "Círculo do Tempo"? Então, ó Lanu:

---
58 A imortalidade.
59 Rathapala, o grande Arhat, assim se dirige a seu pai na lenda chamada Rathapala Sutrasanne. Mas como todas essas lendas são alegóricas (por exemplo, o pai de Rathapala tem uma mansão com sete portas) daí a repreensão, para aqueles que as aceitam literalmente.
60 Os ascetas brâmanes.
61 O Eu reencarnante.
62 A Sabedoria verdadeira e divina.

Não acredite que, sentando-se em florestas escuras, em orgulhosa reclusão e longe dos homens; não acredite que viver se alimentando de raízes e plantas, matando a sede com neve da grande Cordilheira... não acredite, ó Devoto, que isso te levará à meta da libertação final.

Não pense que quebrar os ossos, dilacerar a pele e os músculos, te unirá ao teu "Eu silencioso"[63]. Não pense que quando os pecados de tua forma grosseira forem superados, ó Vítima de tuas Sombras[64], teu dever para com a natureza e com os homens foi cumprido.

Os abençoados se recusaram a fazer isso. O leão da Lei, o Senhor da Misericórdia[65] percebendo a verdadeira causa da aflição humana, imediatamente abandonou o repouso suave, mas egoísta das selvas tranquilas. De Aranyaka[66] Ele se tornou o Mestre da humanidade. Depois que Julaï[67] entrou para o Nirvâna, Ele pregou nas montanhas e na planície, e fez sermões nas cidades, aos Devas, aos homens e aos deuses[68].

Semeie boas ações e colherá seus frutos. A inação em um ato de misericórdia torna-se uma ação em um pecado mortal.

Assim diz o Sábio.

Você deve se abster de ação? Não é assim que sua alma conseguirá a liberdade. Para alcançar o Nirvâna é preciso obter Autoconhecimento, e o autoconhecimento surge de ações caridosas.

Tenha paciência, Candidato, como quem não teme o fracasso, nem almeja o sucesso. Fixe o olhar da tua Alma sobre a estrela cujo raio tu és[69], a estrela flamejante que brilha dentro das profundezas sem luz do Ser eterno, os infinitos campos do Desconhecido.

---

63 O "Eu Superior", o "sétimo" princípio.
64 Nossos corpos físicos são chamados de "Sombras" nas escolas místicas.
65 Buddha.
66 Uma floresta, um deserto. Aranyaukas, um eremita que se retira para as selvas e vive em uma floresta, ao se tornar um Iogue.
67 Julai é o nome chinês para Tathâgata, um título aplicado a todo Buddha.
68 Todas as tradições do Norte e do Sul concordam em afirmar que Buddha abandonou sua solidão assim que resolveu o problema da vida. Ou seja, assim que recebeu a iluminação interior e passou a ensinar a humanidade publicamente.
69 Todo Eu espiritual é um raio de um "Espírito Planetário", de acordo com o ensinamento esotérico.

Tenha perseverança como aquele que tudo suporta. Tuas sombras vivem e desaparecem;[70] aquilo que viverá em você para sempre, aquilo em você que *sabe* (porque é o conhecimento),[71] não é da vida passageira: é o Homem que foi, que é, e será, para quem a hora nunca chegará.

Se quiser colher paz e descanso, Discípulo, plante as sementes do mérito nos campos das colheitas futuras. Aceite as aflições do nascimento.

Saia da luz do sol e vá para a sombra, dando mais espaço para os outros. As lágrimas que regam o solo ressecado da dor e a tristeza produz as flores e os frutos da retribuição cármica. Da fornalha da vida humana e de sua fumaça, surgem chamas aladas, chamas purificadas, que se erguem altas sob o olhar Cármico, e tecem, enfim, o glorioso tecido das três vestimentas do Caminho[72].

Essas vestimentas são: Nirmânakâya, Sambhogakâya, e Dharmakâya, o manto Sublime[73].

O manto Shangna[74], é verdade, pode comprar a luz eterna. O manto Shangna por si só dá o Nirvâna da destruição, impede o renascimento, mas, ó Lanu, também mata compaixão. Os Buddhas perfeitos, que dominam a glória de Dharmakâya, já não podem ajudar na salvação humana. Ah! Devem os Eus ser sacrificados pelo Eu; e a humanidade, pelo bem de alguns?

Saiba, ó iniciante, que este é o Caminho *Aberto*, o caminho à bem-aventurança egoísta, evitada pelos Bodhisattvas do "Coração Secreto", os Buddhas da Compaixão.

Viver para beneficiar a humanidade é o primeiro passo. Praticar as seis virtudes gloriosas[75] é o segundo.

---

70 "Personalidades" ou corpos físicos chamados "sombras" e são evanescentes.
71 Mente (Manas) o Princípio pensante ou Eu no homem, é referido como "Conhecimento", porque os Eus humanos são chamados Manasa-putras, os filhos da Mente (universal).
72 Veja a nota de pé da página número 138.
73 Veja a nota de pé da página número 138.
74 O manto Shangna, de Shangnavesu de Râjagriha, o terceiro grande Arhat ou "Patriarca", como os orientalistas chamam a hierarquia dos trinta e três Arhats que espalharam o budismo. "Manto Shangna" significa, metaforicamente, a aquisição da Sabedoria com a qual o Nirvâna da destruição (da personalidade) é alcançado. Literalmente, o "manto de iniciação" dos Neófitos. Edkins afirma que este "pano de grama" foi levado para a China do Tibete na Dinastia Tong. "Quando um Arhan nasce, esta planta é encontrada crescendo em um local limpo", diz a lenda chinesa e a tibetana.
75 "Praticar o Caminho Paramita" significa tornar-se um Iogue com o objetivo de se tornar um asceta.

Vestir o manto humilde de Nirmânakâya é renunciar à bem-aventurança eterna do Eu, para ajudar na salvação do homem. Alcançar a bem-aventurança do Nirvâna, mas renunciar a ela é o passo supremo, o final — o mais alto no Caminho da Renúncia.

Saiba, ó Discípulo, este é o Caminho *Secreto*, escolhido pelos Buddhas da Perfeição, que sacrificaram o eu para os Eus mais fracos.

No entanto, se a "Doutrina do Coração" for demais para você, se você mesmo precisar de ajuda e teme oferecer ajuda aos outros… então, você de coração tímido, seja avisado a tempo: se contente com a "Doutrina do Olho" da Lei. Tenha Esperança. Pois se o "Caminho Secreto" é inatingível neste "dia", estará ao seu alcance "amanhã"[76]. Aprenda que nenhum esforço, nem o menor deles, seja na direção certa ou errada — pode desaparecer do mundo das causas. Nem a fumaça permanece sem rastros. "Uma palavra dura pronunciada em vidas passadas não é destruída, mas volta sempre."[77] Uma pimenteira não dará rosas, nem a delicada estrela de prata do jasmim se torna espinho ou cardo.

Você pode criar "hoje" as oportunidades de "amanhã". Na "Grande Jornada"[78], as causas semeadas a cada hora produzem, cada uma delas, a sua colheita de efeitos, porque a rígida Justiça governa o Mundo. Com o poderoso alcance de uma ação infalível, traz vidas de felicidade ou sofrimento aos mortais, o resultado Cármico de todos os nossos pensamentos e ações anteriores.

Aceite, então, aquilo que o mérito tem reservado para ti, ó tu de coração paciente. Anima-te e fica contente com o destino. Esse é o teu Carma, o Carma do ciclo dos teus nascimentos, o destino daqueles que, em sua dor e tristeza, nascem contigo, regozijam-se e choram vida após vida, acorrentados às tuas ações anteriores.

---

[76] "Amanhã" significa o próximo renascimento ou reencarnação.
[77] Preceitos da Escola Prasanga.
[78] "Grande Jornada", ou todo o ciclo completo de existências, em uma "Ronda".

Aja por eles "hoje", e eles agirão por você "amanhã".

É do broto da Renúncia do Eu que surge o doce fruto da Libertação final.

Está condenado a perecer aquele que por medo de Mâra abstém-se de ajudar o homem, temendo agir em proveito próprio. O peregrino que quer refrescar seus membros cansados na água corrente, mas não se atreve a mergulhar pelo medo do córrego, arrisca morrer de calor. A inação baseada no medo egoísta pode produzir apenas maus frutos.

O devoto egoísta vive sem propósito. O homem que não passa pelo que foi designado na vida... viveu em vão.

Siga a roda da vida; siga a roda do dever para com a raça humana e com a tua família, para com amigos e inimigos, e feche a tua mente tanto para os prazeres quanto para a dor. Esgote a lei da retribuição Cármica. Ganhe Siddhis para seu futuro nascimento.

Se não puder ser Sol, então seja um planeta humilde. Sim, se não pode brilhar como o sol do meio-dia brilha sobre a montanha nevada da pureza eterna, então escolha, ó Neófito, um caminho mais humilde.

Aponte o "Caminho" (ainda que vagamente e perdido na multidão) assim como a estrela da tarde aponta para aqueles que trilham seu caminho na escuridão.

Veja Migmar[79], como, sob seus véus vermelhos, seu "Olho" varre a Terra adormecida. Contemple a aura de fogo da "Mão" de Lhagpa[80] estendida para proteger amorosamente as cabeças de seus ascetas. Ambos são agora servos de Nyima[81], deixados como observadores silenciosos à noite em sua ausência. No entanto, em Kalpas passados, ambos foram Nyimas brilhantes, e em dias futuros podem tornar-se novamente dois Sóis. Tais são as quedas e subidas da Lei Cármica na natureza.

---

79 Marte.
80 Mercúrio.
81 Nyima, o Sol na Astrologia Tibetana. Migmar ou Marte é simbolizado por um "Olho" e Lhagpa ou Mercúrio por uma "mão".

Seja, ó Lanu, como eles. Dê luz e conforto ao peregrino trabalhador, e procure aquele que sabe ainda menos do que tu; que em sua desolação miserável está sentado faminto do pão da Sabedoria e do pão que alimenta a sombra, sem Mestre, esperança ou consolação, e faça com que ele ouça a Lei.

Diga-lhe, ó Candidato, que aquele que faz do orgulho e amor próprio escravos da devoção; que aquele que, apegando-se à existência, ainda coloca a paciência e submissão a serviço da Lei, como uma doce flor aos pés do Shakya-Thumb-pa[82], torna-se um Srotapâtti[83] neste nascimento. Os Siddhis da perfeição podem estar muito, muito distantes; mas se o primeiro passo for dado, se o fluxo for iniciado, eles podem ganhar a visão da águia da montanha e a audição da tímida corça.

Diga-lhe, ó Aspirante, que a verdadeira devoção pode trazer de volta o conhecimento, aquele conhecimento que tinha nas vidas anteriores. A visão dévica e a audição dévica não são conseguidas em uma vida breve.

Deves ser humilde, se queres alcançar a Sabedoria.

Deves ser mais humilde ainda quando dominar a Sabedoria.

Deves ser como o Oceano que recebe todos os rios e riachos. A poderosa calma do Oceano permanece imóvel; não os sente.

Contenha teu eu inferior pelo teu eu Divino.

Contenha o Divino com o Eterno.

Sim, grande é aquele que matou o desejo.

Ainda maior aquele em quem o Eu Divino matou o próprio conhecimento do que é desejo.

Guarde o eu Inferior para ele não macule o Superior.

O caminho para a liberdade final está dentro do teu Eu. Esse caminho começa e termina fora do Eu[84].

---

82 Buddha.
83 Srotapâtti ou "aquele que entra na corrente" do Nirvâna, a menos que alcance a meta devido a algumas razões excepcionais, raramente pode atingir o Nirvâna em um só nascimento. Normalmente, diz-se que um Chela inicia o esforço da subida em uma vida e termina ou alcança o objetivo apenas em sua sétima vida.
84 Significando o "Eu" pessoal inferior.

A Voz do Silêncio

Não elogiada pelos homens e humilde é a mãe de todos os rios, na visão orgulhosa de Tîrthika[85]. Na visão dos tolos, ainda que cheia das águas suaves de Amrita, a forma humana está vazia. Contudo, o local de nascimento dos rios sagrados é a terra sagrada[86], e aquele que tem Sabedoria é honrado por todos os homens.

Arhans e Sábios da Visão Ilimitada[87] são raros como a flor da árvore Udumbara. Os Arhans nascem à meia-noite, juntamente à planta sagrada de nove e sete hastes[88], a flor sagrada que abre e floresce nas trevas, do orvalho puro e no leito gelado das alturas cobertas de neve, alturas em que nenhum pé pecador pisou.

Nenhum Arhan, ó Lanu, se torna um na vida em que, pela primeira vez, a Alma começa a ansiar pela libertação final. No entanto, ó ansioso, a nenhum guerreiro que voluntariamente entra na luta feroz entre o vivo e o morto[89], a nenhum recruta pode ser negado o direito de entrar no Caminho que conduz ao campo de Batalha.

Pois, ou ele vencerá, ou cairá.

Sim, se vencer, o Nirvâna será dele. Antes de abandonar a sombra da sua casca mortal, aquela fonte abundante de angústia e dor ilimitada — os homens honrarão nele um grande Buddha sagrado.

E se cair, mesmo assim não cairá em vão; os inimigos que derrotou na última batalha não voltarão à vida em sua próxima encarnação.

Mas se queres alcançar o Nirvâna, ou recusar esse prêmio[90], não deixe que o fruto da ação e da inação seja teu motivo, ó tu de coração destemido.

Saiba, ó candidato à dor ao longo dos ciclos, que o Bodhisattva que troca a Liberação pela Renúncia para assumir as misérias da "Vida Secreta"[91], é chamado de "três vezes honrado".

---

85 Um asceta brâmane que visita santuários sagrados, especialmente locais de banhos purificadores.
86 Tîrthikas são os seguidores das seitas bramânicas "mais além" dos Himalaias, que são chamados de "infiéis" pelos budistas da Terra Sagrada, Tibete e vice-versa.
87 Visão Ilimitada ou visão psíquica, sobre-humana. Um Arhan é creditado com a capacidade de "ver" e saber tudo, tanto à distância como presencialmente.
88 Veja a nota 74.
89 O "vivo" é o Eu Superior imortal, e o "morto", o Eu inferior pessoal.
90 Veja a nota 138.
91 A "Vida Secreta" é a vida como Nirmânakâya.

O Caminho é um, Discípulo, mas no final, dois. Seus estágios são marcados por quatro e sete Portais. Numa extremidade, a bem-aventurança imediata, e na outra, a bem-aventurança adiada. Ambos são a recompensa do mérito: a escolha é tua.

O Um torna-se o dois, o *Aberto* e o *Secreto*[92]. O primeiro leva ao objetivo, o segundo, à autoimolação.

Quando ao Permanente é sacrificado o Mutável, o prêmio é teu: a gota retorna de onde veio. O Caminho *Aberto* conduz à mudança imutável — Nirvâna, o glorioso estado do Absoluto, a Bem-aventurança além do pensamento humano.

Assim, o primeiro Caminho é a Libertação.

Mas o segundo Caminho é a Renúncia, por isso é chamado de "Caminho do Sofrimento".

Esse Caminho *Secreto* leva o Arhan ao sofrimento mental indizível; dor pelos mortos que estão vivos[93], e uma piedade inútil pelos homens cuja dor é Cármica; o fruto do Carma que os Sábios não se atrevem a interromper.

Pois está escrito: "Ensina a evitar todas as causas; à ondulação do efeito, assim como a grande onda de uma maré, deve seguir seu curso."

O "Caminho Aberto" te levará a rejeitar o corpo Bodhisattvic assim que atingir seu objetivo, e te fará entrar para o estado três vezes glorioso do Dharmakâya[94], que é o esquecimento do Mundo e dos homens para sempre.

A "Estrada Secreta" leva também à bem-aventurança paranirvanica, mas ao final de inúmeros Kalpas; Nirvânas ganhos e perdidos por piedade e compaixão ilimitados pelo mundo dos mortais iludidos.

---

92 O "Caminho Aberto" e o "Caminho Secreto" — ou aquele ensinado ao leigo, ao exotérico e geralmente aceito, e o outro o Caminho Secreto — cuja natureza é explicada na Iniciação.
93 Os homens ignorantes das verdades esotéricas e da Sabedoria são chamados de "os mortos-vivos".
94 Veja a nota 138.

A Voz do Silêncio

Mas é dito: "Os últimos serão os maiores". Samyak Sambuddha, o Professor da Perfeição, desistiu de seu Eu para a salvação do mundo, parando no portal do Nirvâna — o estado puro.

Tu agora tens o conhecimento a respeito dos dois Caminhos. Uma hora terá que escolher, ó tu da Alma ansiosa, quando tiveres chegado ao fim e passados os sete Portais. Tua mente está clara. Já não está enredado em pensamentos ilusórios, pois aprendeu tudo. A Verdade está desvelada e olha para seu rosto com severidade. Ela diz:

"Doces são os frutos do Descanso e da Libertação alcançados pelo bem do Eu; mas ainda mais doces são os frutos do dever longo e amargo. Sim, da Renúncia pelos outros, pelos que sofrem."

Aquele que se torna Pratyeka-Buddha[95] só obedece ao seu Eu. O Bodhisattva que venceu a batalha, que tem o prêmio na palma da mão, mas ainda assim diz, em sua divina compaixão:

"Por amor aos outros, abandono esta grande recompensa" e realiza a Renúncia maior.

Ele é *Um Salvador do Mundo*.

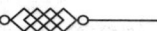

Vejam! A meta da bem-aventurança e o longo Caminho da dor estão no extremo mais distante. Podes escolher, ó aspirante à Dor, ao longo dos próximos ciclos!

Om Vajrapâni hum.

---

95 Pratyeka Buddhas são aqueles Bodhisattvas que se esforçam e muitas vezes alcançam o manto Dharmakâya após uma série de vidas. Não se importando com as desgraças da humanidade ou em ajudá-la, mas apenas ligando para sua própria felicidade, eles entram no Nirvâna e desaparecem da vista e dos corações dos homens. No budismo do norte, "Pratyeka-Buddha" é sinônimo de egoísmo espiritual.

Terceiro fragmento

OS SETE PORTAIS

"UPÂDHYÂYA⁹⁶, a escolha está feita, tenho sede de Sabedoria. Agora você rasgou o véu diante do Caminho secreto e ensinou o Yâna maior⁹⁷, Aqui está teu servo, pronto para a tua orientação."

Está bem, Shravaka⁹⁸. Prepare-se, pois terá que viajar sozinho. O Mestre só pode apontar o caminho. O Caminho é um para todos, o meio para chegar ao objetivo varia de acordo com os Peregrinos.

Qual escolherás, ó tu de coração destemido? O Samtan⁹⁹ da "Doutrina do Olho", a Dhyâna quádrupla, ou traçará teu caminho através das Pâramitâs¹⁰⁰, seis em número, nobres portões da virtude que conduzem a Bodhi e Prajñâ, o sétimo passo da Sabedoria?

O árduo Caminho da quádrupla Dhyâna ondula montanha acima. Três vezes grande é aquele que chega ao topo.

As alturas de Paramita são atravessadas por um caminho ainda mais íngreme. Deves abrir caminho através de sete portais, sete fortalezas mantidas por poderes cruéis e astutos: as paixões encarnadas.

---

96 Upadhyaya é um preceptor espiritual, um Guru. Os budistas do norte os escolhem geralmente entre os Narjol, homens santos, instruídos em gotrabhu-jnana e jnana-darshana shuddhi, mestres da Sabedoria Secreta.
97 Yâna — veículo: assim Mahâyâna é o "Grande Veículo", e Hinayana, o "Veículo Menor", os nomes de duas Escolas de aprendizado religioso e filosófico no Budismo do Norte.
98 Shravaka — um ouvinte ou estudante que atende às instruções religiosas. Da raiz Shru. Quando vai da teoria para a prática do ascetismo, torna-se um Shramanas, "exercitador", de Shrama, ação. Como demonstra Hardy, as duas denominações respondem às palavras ακουστικοί e άσκηται dos gregos.
99 Samtan (tibetano), o mesmo que o sânscrito Dhyâna, ou o estado de meditação, do qual existem quatro graus.
100 Paramitas — as seis virtudes transcendentais; são dez para os sacerdotes

Anima-te, Discípulo; lembre-se da regra de ouro. Uma vez que tenha passado o portão Srotapâtti[101], "aquele que entrou na corrente", cujo pé foi posto sobre o leito da corrente Nirvanica nesta ou em qualquer vida futura, terá apenas outros sete nascimentos diante dele, ó Discípulo de vontade de ferro.

Observa o que você vê diante de seus olhos, ó aspirante à Sabedoria divina?

"O manto da escuridão está sobre as profundezas da matéria; dentro de suas dobras eu luto. Sob meu olhar ele se aprofunda, Senhor; e se dissipa com o aceno de tua mão. Uma sombra se move, rastejando-se como uma serpente. Cresce, expande-se e desaparece na escuridão."

É a sombra de ti mesmo fora do Caminho, lançada na escuridão dos teus pecados.

"Sim, Senhor; eu vejo o Caminho; vejo seu início na lama, seu cume perdido na gloriosa luz Nirvanica. E agora vejo os Portais cada vez mais estreitos no caminho árduo e espinhoso caminho para Jnana."[102] Tu vês bem, Lanu. Esses portais conduzem o aspirante através das águas "até a outra margem"[103].

Cada Portal tem uma chave de ouro que abre seu portão; e estas chaves são:

1. Dâna, a chave da caridade e do amor imortal.

2. Shîla, a chave da Harmonia nas palavras e nos atos, a chave que equilibra a causa e o efeito, e não deixa mais espaço para ação Cármica.

3. Kshanti, a doce paciência, que nada pode perturbar.

---

[101] Srotapâtti — (lit.) "aquele que entrou na corrente" que leva ao oceano Nirvânico. Este nome indica o primeiro Caminho. O nome do segundo é o Caminho de Sakridagamin, "aquele que irá nascer (apenas) mais uma vez." O terceiro é chamado Anagamin "aquele que não se reencarnará mais", a menos que assim o deseje para ajudar a humanidade. O quarto Caminho é conhecido como Rahat ou Arhat. É o mais alto. Um Arhat vê o Nirvâna durante sua vida. Para ele não há um estado post-mortem, mas Samâdhi, durante o qual ele experimenta toda a bem-aventurança Nirvânica. Obs: Para perceber o quão pouco se pode confiar nos orientalistas no que diz respeito à exatidão de palavras e seus sentidos, basta examinar o caso de três "supostas" autoridades. Os quatro termos que acabaram de ser explicados são dados por R. Spence Hardy da seguinte maneira: 1. Sowan; 2. Sakradagami; 3. Anagami; 4). Árya. O rev. J. Edkins os apresenta como: 1. Srotapanna; 2. Sagardagam; 3. Anaganim; e 4. Arhan. Schlagintweit os soletra de modo diferente, além disso, cada autor dá novas variações ao significado dos termos.
[102] Conhecimento, Sabedoria.
[103] "Chegada à outra margem", para os budistas do norte é sinônimo de alcançar o Nirvâna através do exercício das seis e das dez Pâramitâs (virtudes).

4. Viraga, indiferença ao prazer e à dor, a vitória sobre a ilusão, a percepção da verdade.

5. Virya, a energia destemida que luta para alcançar a verdade suprema, além da lama das mentiras terrestres.

6. Dhyâna, cujo portão de ouro, uma vez aberto, leva o Narjol[104] em direção ao reino de Sat eterno e sua contemplação incessante.

7. Prajñâ, a chave que faz do homem um Deus, criando-o um Bodhisattva, filho dos Dhyânis.

Essas são as chaves de ouro para esses portais.

Antes que possa se aproximar do último, ó tecelão da tua liberdade, tens que dominar, ao longo do árduo caminho, estes Pâramitâs da perfeição — as virtudes transcendentais que são seis e dez.

Pois, ó Discípulo! Antes de estar apto para encontrar teu Mestre face a face, teu Mestre luz a luz, o que foi dito a você?

Antes que possa se aproximar do portão principal, tem que aprender a separar o corpo da mente, a dissipar a sombra e viver no eterno. Para isso, tem que viver e respirar em tudo, como tudo o que você percebe respira em você; sentir que habita em todas as coisas, e todas as coisas habitam no Eu.

Não permitirás que teus sentidos transformem tua mente em um parquinho.

Não separarás teu ser do Ser, e do resto, mas fundirá o Oceano na gota, a gota no Oceano.

Assim estarás em pleno acordo com tudo o que vive; ame os homens como se fossem seus irmãos/alunos, discípulos do mesmo Mestre, filhos da mesma boa mãe.

Há muitos professores; apenas uma Alma-Mestra[105], Alaya, a Alma Universal. Viva nessa Mestra assim como Seu raio vive em ti. Viva em seus companheiros, assim como eles vivem nela.

---

104 Um Santo, adepto.
105 A Alma-Mestra é Alaya, a Alma Universal ou Atma, e cada pessoas tem um raio dela em si, e é considerada capaz de identificar-se e fundir-se a ela.

Antes que esteja no limiar do Caminho; antes de cruzar o portão principal, deve fundir os dois no Um e sacrificar o pessoal ao Eu impessoal, destruindo assim "caminho" entre os dois — Antaskarana[106].

Tens que estar preparado para responder ao Dharma, a lei severa, cuja voz te perguntará no teu primeiro, no teu passo inicial:

"Cumpriu todas as regras, ó de altas esperanças?"

"Sintonizou o coração e a mente com a mente e o coração de toda a humanidade? Pois, assim como a voz do Rio sagrado urra, ecoando todos os sons da Natureza[107], deve estar o coração daquele que 'no fluxo entraria', vibrando em resposta a cada suspiro e a cada pensamento de tudo que vive e respira."

Os Discípulos podem ser comparados às cordas de vinâ, que ecoam a alma. A humanidade, à sua caixa de ressonância; a mão que o varre ao sopro melodioso da Grande Alma do Mundo. A corda que não responde ao toque do Mestre em harmonia com todas as outras, se quebra, e é jogada fora. Assim como as mentes coletivas de Lanu-Shravakas. Eles têm que estar sintonizados com a mente de Upâdhyâya — com a Alma Maior — ou, afastar-se.

Assim fazem os "Irmãos da Sombra", os assassinos das suas Almas, o pavoroso clã dos Dad-Dugpa[108].

---

106 Antaskarana é a mente inferior, o Caminho da comunicação ou comunhão entre a personalidade e o Manas superior ou Alma humana. Na morte, é destruída como um Caminho ou meio de comunicação, e seus restos sobrevivem em uma forma como a Kamarupa — a "casca".
107 Os budistas do norte, e todos os chineses, de fato, encontram no rugido profundo de alguns dos grandes e sagrados rios a nota chave da Natureza. Daí o símile. É um fato conhecido na ciência física, bem como no ocultismo, que o som agregado da Natureza — como é ouvido no rugido dos grandes rios, o barulho produzido pelas copas das árvores em grandes florestas, ou de uma cidade ouvida à distância — é um tom único e definido de alcance bastante apreciável. Isso é mostrado por físicos e músicos. Assim o Prof. Rice (Música Chinesa) mostra que os chineses reconheceram o fato de milhares de anos atrás, dizendo que "as águas do Hoang-ho correndo, entoavam o kung", chamado de "o grande tom" na música chinesa; e ele mostra esse tom correspondendo com o "Lá", "considerado pelos físicos modernos como o verdadeiro tom da Natureza." O Professor B. Silliman menciona isso, também, em seus Princípios de Física, dizendo que "este tom é considerado o Fá médio do piano; que pode, portanto, ser considerado a nota chave da Natureza".
108 Os Bhons ou Dugpas, a seita dos "gorros Vermelhos, são considerados os mais versados em feitiçaria. Eles habitam o Oeste, o pequeno Tibete e o Butão. São todos Tantrikas. É bastante ridículo encontrar orientalistas que visitaram as fronteiras do Tibete, como Schlagintweit e outros, confundindo os ritos e práticas repugnantes deles com as crenças religiosas dos Lamas orientais, os "Gorros Amarelos", e os seus Narjol ou homens santos. Como um exemplo, veja a nota 110.

Sintonizou teu ser com a grande dor da Humanidade, ó candidato à luz?

Fez isso? Pode entrar. Mas antes de colocar o teu pé sobre o triste Caminho da Tristeza, é bom que aprendas primeiro a respeito das armadilhas em teu caminho.

Armado com a chave da Caridade, do amor e da ternura misericordiosa, estás seguro diante do portão de Dâna, o portão que fica na entrada do Caminho.

Veja, ó feliz Peregrino! O portal à tua frente é alto e largo, parece de fácil acesso. A estrada que o conduz é reta, lisa e verde. É como uma clareira ensolarada nas profundezas da floresta escura, um ponto na terra que espelha o paraíso de Amitâbha. Lá, rouxinóis de esperança e pássaros de plumagem radiante cantam empoleirados em galhos verdes, cantando sucesso para os Peregrinos destemidos. Eles cantam as cinco virtudes dos Bodhisattvas, a fonte quíntupla do poder de Bodhi e dos sete passos do Conhecimento.

Passe! Siga em frente! Pois trouxeste a chave; estás em segurança.

E o caminho para o segundo portão também é verde. Mas é íngreme e serpenteia morro acima; sim, até seu topo rochoso. Neblinas cinzas irão cobrir as pedras do alto, e tudo além estará escuro. À medida que o peregrino avança, a canção da esperança soa mais fraca em seu coração. O sentimento de dúvida agora o atinge, seu passo se torna menos firme.

Cuidado com isso, ó candidato! Cuidado com o medo que se espalha, como as asas negras e silenciosas do morcego da meia-noite, entre o luar de tua Alma e teu grande objetivo que paira à distância.

O medo, ó Discípulo, mata a vontade e detém toda ação. Se faltar a virtude Shîla... o peregrino tropeça e pedras Cármicas machucam seus pés ao longo do caminho rochoso.

Esteja firme, ó candidato. Na essência de Kshanti[109] que banha tua Alma; porque agora tu te aproximas do portal com esse nome, o portal da fortaleza e da paciência.

Não feche os olhos, nem perca o Dorje[110] de vista. As flechas de Mâra sempre ferem o homem que não alcançou Viraga.[111]

Não tremas. Sob o sopro do medo a chave de Kshanti enferruja; a chave enferrujada se recusa a abrir.

Quanto mais avança, mais armadilhas seus pés irão encontrar. O Caminho à frente é iluminado por um fogo — a luz da coragem, que brilha no coração. Quanto mais se atreve, mais conseguirá. Quanto mais teme, mais essa luz empalidecerá... e só ela pode guiar. Pois como o raio de sol persistente que brilha no topo de uma montanha alta é seguido pela noite negra quando se desvanece, assim é a luz do coração. Quando some, uma sombra escura e ameaçadora cairá do teu próprio coração sobre o Caminho, e grudará teus pés em terror no local.

Cuidado, Discípulo, com essa sombra letal. Nenhuma luz que brilha do Espírito pode dissipar a escuridão da Alma, a menos que todo pensamento egoísta tenha fugido dela, e que o peregrino diga: "Eu renunciei a esta forma passageira; eu destruí a causa: as sombras lançadas podem, consequentemente, deixar de existir." Porque aconteceu agora a última grande luta, a guerra final entre o Eu Superior e o Eu Inferior. Eis que o próprio campo de batalha está agora engolido na grande guerra, e não existe mais.

Mas, uma vez que você passou pelo portão de Kshanti, foi dado o terceiro passo. Teu corpo é teu escravo. Prepare-se ago-

---

109 Kshanti, "paciência".
110 Dorje é o Vajra, uma arma nas mãos de alguns deuses (o Dragshed, tibetano, os Devas que protegem os homens), e é considerado como tendo o mesmo poder oculto de repelir as más influências, purificando o ar, Ozônio em química. É também um Mudra, um gesto e postura usado ao sentar para meditar. É, em suma, um símbolo de poder sobre más influências invisíveis, seja como uma postura ou um talismã. Os Bhons ou Dugpas, entretanto, tendo se apropriado do símbolo, usam-no mal para fins de Magia Negra. Entre os "Gorros Amarelos", ou Gelugpas, é um símbolo de poder, como a Cruz é para os cristãos, e não é de modo algum mais "supersticioso". Entre os Dugpas, é, como o triângulo duplo invertido, o signo da feitiçaria.
111 Viraga é o sentimento de absoluta indiferença ao universo objetivo, assim como a prazer e dor. A palavra "desprazer" não expressa o seu significado, no entanto, tem semelhanças.

ra para o quarto passo, o Portal das tentações que iludem o homem *interior*.

Antes que você possa chegar perto desse objetivo, antes que sua mão se levante para levantar o trinco do quarto portão, deve ter dominado todas as mudanças mentais em teu Ser, e matado o exército de sensações-pensamento que, sutis e insidiosas, rastejam sem ser solicitadas para dentro do santuário brilhante da Alma.

Se não quer ser morto por elas, então deves tornar os resultados das suas próprias criações inofensivos, os filhos de teus pensamentos, invisíveis, impalpáveis, que enxameiam a humanidade, e são a prole e os herdeiros do homem e de seus espólios terrestres. Tens que estudar o vazio do que parece cheio, a plenitude do que parece vazio. Ó destemido Aspirante, olhe profundamente dentro de seu próprio coração, e responda. Conheces os poderes do Eu, ó tu que percebes as sombras externas?

Se não conheces... então estás perdido.

Pois, no quarto Caminho, a brisa mais leve da paixão ou do desejo vai agitar a luz constante sobre as paredes brancas e puras da Alma. A menor onda de saudade ou arrependimento pelas dádivas ilusórias de Mâyâ, ao longo de Antaskarana — o caminho que jaz entre o teu Espírito e o teu eu, a estrada das sensações, as despertadoras de Ahankâra[112] — um pensamento tão fugaz quanto o relâmpago fará com que percas teus três prêmios — os três prêmios que ganhou.

Pois saiba que o ETERNO não conhece mudança.

"Abandona para sempre os oito sofrimentos terríveis, se não, não poderás ir até a sabedoria, nem alcançar a libertação", diz

---

[112] Ahankâra: "eu", o sentimento da personalidade, a sensação de que "eu-sou-eu".

o grande Senhor, o Tathâgata da perfeição, "aquele que seguiu os passos de seus predecessores."[113]

Austera e exigente é a virtude de Viraga. Se quiseres dominar o seu Caminho, deves manter a mente e as percepções muito mais livres da ação mortal.

Tens de te saturar do puro Alaya, tornar-se um com o Pensamento da Alma da Natureza. Unificados com ele, será invencível; separado, te tornas o parquinho de Samvritti[114], origem de todas as ilusões.

Tudo é impermanente no homem, exceto a pura e clara essência de Alaya. O homem é seu raio cristalino; um feixe de luz imaculada por dentro, uma forma de barro sobre a superfície inferior. Esse raio de luz é teu guia de vida e teu verdadeiro Eu, o Observador e o Pensador silencioso, a vítima do teu Eu inferior. Tua alma não pode ser ferida, exceto através de teu corpo errante; controle e domine ambos, e estarás seguro ao cruzar para o próximo "Portão do Equilíbrio".

Anime-te, ó ousado peregrino que segue "para a outra margem." Não dê atenção aos sussurros das hostes de Mâra; afaste os tentadores, os de má índole, os Lhamayin[115] do espaço infinito.

Mantenha-se firme! Está próximo agora do Portal médio, da porta da dor, com suas dez mil armadilhas.

Tenha domínio sobre teus pensamentos, ó buscador da perfeição, se quiser cruzar o limiar.

Tenha domínio sobre sua Alma, ó buscador das verdades imortais, se quiser alcançar a meta.

---

[113] "Aquele que segue os passos de seus predecessores" ou "daqueles que vieram antes dele", é o verdadeiro significado do nome Tathâgata.
[114] Samvritti é aquela das duas verdades que demonstra o caráter ilusório ou vazio de todas as coisas. É uma verdade relativa, neste caso. A escola Mahazana ensina a diferença entre essas duas verdades: Parâmrthasatya e Samvrittisatya (Satya "verdade"). Este é o ponto da discórdia entre os Mâdhyamikas e os Yogâ châryas, o primeiro negando e o último afirmando que todo objeto existe devido a uma causa anterior ou por uma concatenação. Os Mâdhyamikas são os grandes niilistas e negadores, para quem tudo é parikalpita, uma ilusão e um erro no mundo do pensamento e do subjetivo, tanto quanto no universo objetivo. Os Yogâ châryas são os grandes espiritualistas. Samvritti, portanto, como verdade apenas relativa, é a origem de toda a ilusão.
[115] Lhamayin são elementais e espíritos malignos, prejudiciais para os homens, e inimigos dele.

Concentra o Olhar da tua Alma na Pura Luz Una, a Luz que está livre de afeições, e usa a tua Chave de ouro.

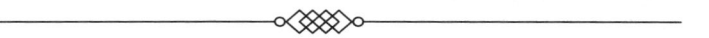

A maçante tarefa está cumprida, seu trabalho está quase completo. O grande abismo que se abriu para te engolir está quase derrotado.

Tu agora cruzaste o fosso que circunda a porta das paixões humanas. Tu agora conquistaste Mâra e seu anfitrião furioso.

Tu removeste a poluição do teu coração e sangrou os desejos impuros. Mas, ó glorioso guerreiro, tua tarefa ainda não está cumprida. Construa alto, Lanu, o muro que cercará a Ilha Sagrada[116], a represa que protegerá tua mente do orgulho e do orgulho ao pensar no teu grande feito.

Um sentimento de orgulho estragaria a tua obra. Sim, construa o muro forte, para que a força das ondas ferozes que crescem e batem na costa do grande Oceano de Mâyâ não engulam o peregrino e a ilha... sim, quando a vitória for alcançada.

Tua "ilha" é o cervo, teus pensamentos são os cães que se cansam e perseguem seu progresso para o rio da Vida. Ai do veado que é capturado pelos demônios antes de chegar ao Vale do Refúgio — Dhyâna-Mârga, chamado o "caminho do conhecimento puro".

Antes que você possa se estabelecer em Dhyâna-Mârga[117] e chamá-lo de teu, tua Alma tem que se tornar como a manga madura: ser macia e doce como a sua clara polpa dourada, em relação ao sofrimento dos outros; mas dura como o caroço da fruta, para os teus próprios sofrimentos e tuas agonias, ó Conquistador do Bem e do Mal.

---

116 O Eu Superior, ou Eu Pensante.
117 Dhyâna-Mârga é o "Caminho de Dhyâna", literalmente; ou o Caminho do conhecimento puro, de Paramârtha ou (sânscrito) Svasamvedana, "a reflexão autoevidente ou autoanalítica".

Enrijece tua Alma contra as armadilhas do Eu; por isso, ela merece o nome de "Alma de Diamante"[118].

Pois, como o diamante enterrado profundamente dentro do pulsar do coração da Terra nunca pode espelhar de volta as luzes da Terra, assim são tua mente e Alma; mergulhadas em Dhyâna Mârga, não devem espelhar nada do reino ilusório de Mâyâ.

Quando tiver alcançado esse estado, os Portais que tens que conquistar no Caminho abrirão para te deixar passar, e os poderes mais fortes da Natureza não possuirão nenhuma força para se manter no seu caminho. Você será mestre do Caminho Sétuplo, mas não antes disso, ó candidato a provas indizíveis.

Até então, uma tarefa muito mais difícil ainda te espera: tens que te sentir todo pensamento, e ainda assim exilar todos os pensamentos da tua Alma.

Tens que alcançar aquela fixidez mental na qual nenhuma brisa, por mais forte que seja, pode tirar um pensamento terreno seu. Assim purificado, o santuário deve ficar vazio de toda ação, de todo som ou luz terrena. Como a borboleta que, tomada pela geada, cai sem vida no limiar, todos os pensamentos terrenos devem cair mortos diante do templo.

Eis que está escrito:

"Antes que a chama dourada possa queimar com luz constante, a lâmpada deve ficar bem guardada em um local livre de todo o vento"[119]. Exposta a uma brisa inconstante, a luz irá oscilar e a chama trêmula lançará sombras enganosas, escuras e sempre mutáveis, sobre o santuário branco da Alma.

E então, ó buscador da verdade, tua Alma se tornará como um elefante louco, que se enfurece na selva. Confundindo árvores da floresta com inimigos vivos, ele morre tentando matar

---

118 Ver nota nº 51. A "Alma de Diamante" ou Vajradhara preside os Dhyani Buddhas.
119 "Bhagavad Gita".

as sombras em constante mudança que dançam na parede de rochas iluminadas pelo sol.

Cuidado, para que no cuidado de Si mesmo tua Alma não perca seu ponto de apoio no solo do conhecimento dos Devas.

Cuidado, para que ao esquecer o Eu, tua Alma não perca seu controle mental trêmulo, perdendo assim o justo prêmio das suas conquistas.

Cuidado com a mudança! Pois a mudança é teu grande inimigo. Esta mudança irá lutar contra você, e te jogará de volta, para fora do Caminho que trilhas, para dentro de pântanos viscosos de dúvida.

Prepare-se e seja avisado a tempo. Se tentou e falhou, ó lutador destemido, não perca a coragem: continue lutando, e ao ataque volte uma e outra vez.

O guerreiro destemido, com seu precioso sangue escorrendo de suas feridas largas e escancaradas, ainda atacará o inimigo, expulsará ele de sua fortaleza, o vencerá, antes que ele próprio desapareça. Ajam então, todos vocês que falham e sofrem, ajam como ele; afugentem todos seus inimigos da fortaleza da sua alma — ambição, raiva, ódio, até a sombra do desejo até mesmo quando tiverem fracassado...

Lembre-se, tu que luta pela libertação do homem[120], que cada fracasso é sucesso, e cada tentativa sincera ganha sua recompensa a tempo. Os germes sagrados que brotam e crescem invisíveis na alma do discípulo, suas hastes se fortalecem a cada nova tentativa, eles se dobram como juncos, mas nunca quebram, nem podem ser perdidos. Mas quando a hora chega, eles florescem[121].

---

[120] Trata-se de uma alusão a uma crença bem conhecida no Oriente (como também no Ocidente) de que cada Buddha ou Santo é um novo soldado no exército dos que trabalham pela libertação ou salvação da humanidade. Nos países budistas do Norte, onde é ensinada a doutrina dos Nirmânakâyas — aqueles Bodhisattvas que renunciam Nirvâna ou a vestimenta Dharmakâya (ambos os colocam fora para sempre do mundo dos homens) para ajudar invisivelmente a humanidade e conduzi-la finalmente ao Paranirvâna. Nesses países, cada novo Bodhisattva, ou grande Adepto iniciado, é chamado de "libertador da humanidade". A declaração de Schlagintweit em seu livro "Budismo no Tibete" no sentido de que Prulpai Ku ou Nirmânakâya é "o corpo no qual os Buddhas ou Bodhisattvas aparecem na terra para ensinar os homens" — é absurdamente imprecisa e não explica nada.

[121] Uma referência às paixões e pecados humanos que são eliminados durante os julgamentos do noviciado, e servem como solo bem fertilizado em que "germes sagrados" ou sementes de virtudes transcendentais podem germinar. As virtudes, talentos ou dons preexistentes são considerados como adquiridos em um nascimento anterior. O gênio tem, sem exceção, um talento ou aptidão trazido de outro nascimento.

Mas, se você está preparado, então não tenha medo.

A partir de agora teu caminho está aberto através do portão Vîrya, o quinto dos Sete Portais. Você está agora no caminho que conduz ao refúgio Dhyâna, o sexto, o Portal Bodhi.

O portão Dhyâna é como um vaso de alabastro, branco e transparente; lá dentro arde um fogo dourado constante, a chama de Prajñâ que irradia de Atma.

Tu és aquele vaso.

Você se afastou dos objetos dos sentidos, percorridos no "Caminho da visão", no "Caminho da escuta" e permaneceu à luz do Conhecimento. Alcançou agora o estado de Titiksha[122].

Ó Narjol, estás seguro.

Saiba, Conquistador dos Pecados, uma vez que um Sowanee[123] cruza o sétimo Caminho, toda a Natureza vibra com reverência alegre e se sente subjugada. A estrela de prata agora transmite a notícia com seu brilho para as flores da noite, o riacho murmura esse conto às pedras; ondas do mar escuro vão rugir para as rochas, brisas carregadas de perfume vão cantar para os vales, e pinheiros majestosos misteriosamente irão sussurrar: "Um Mestre surgiu, um Mestre do Dia"[124].

Ele está agora como uma coluna branca para o oeste, sobre cuja face o sol nascente do pensamento eterno derrama suas primeiras ondas mais gloriosas Sua mente se estende pelo espaço sem praias como um oceano calmo e sem limites. Ele mantém a vida e a morte em sua mão forte.

Sim, ele é poderoso. O poder vivo libertado nele, esse poder que é ele mesmo, pode levantar o tabernáculo da ilusão bem

---

[122] Titiksha é o quinto estado de Raja Yoga — um estado de suprema indiferença; submissão, se necessário, ao que é chamado de "prazeres e dores para todos", mas sem sentir prazer nem dor de tal submissão. Em suma, é tornar-se física, mental e moralmente indiferente e insensível ao prazer ou à dor.
[123] Sowance é aquele que pratica Sowan, o primeiro caminho em Dhyâna, um Srotapâtti.
[124] "Dia" significa aqui um Manvantara inteiro, um período de duração incalculável.

acima dos deuses, acima de grandes Brahm e Indra. Agora ele certamente alcançará sua grande recompensa!

Não usará os dons, que isso confere, para seu próprio descanso e bem-aventurança, para seu merecido bem-estar e glória... ele, o subjugador da Grande Ilusão?

Não, ó candidato à sabedoria oculta da Natureza! Se alguém seguir os passos do santo Tathâgata, esses dons e poderes não pertencem ao Eu.

Queres represar as águas nascidas em Sumeru?[125] Irás desviar a corrente para teu próprio uso, ou irá fazê-la voltar à sua nascente, ao longo dos pontos mais altos dos ciclos?

Se quiseres que esse rio de conhecimento de origem divina, arduamente conseguido por ti, permaneça puro, não se torne um lago estagnado.

Saiba, se quer se tornar um colaborador de Amitâbha, a "Idade Ilimitada", então deve, como os dois Bodhisattvas[126], transmitir a luz adquirida sobre a extensão de todos os três mundos[127].

Saiba que o fluxo de conhecimento sobre-humano e a Sabedoria Devas que conquistou, devem ser derramados de seu eu, o canal de Alaya, para outro leito.

Saiba, ó Narjol, tu do Caminho Secreto, que as águas puras devem ser usadas para tornar mais suaves as ondas amargas do oceano... aquele poderoso mar de tristeza formado pelas lágrimas dos homens.

Ah! Quando tiveres te tornado como uma estrela fixa no mais elevado dos céus, esta clara esfera celeste deverá brilhar desde as profundezas do espaço para todos — exceto para si mesmo; dê luz a todos, mas não tire de ninguém.

Ah! Quando tiveres te tornado como a neve pura nos vales das montanhas, fria e insensível ao toque, mas quente e

---

125 O monte Meru, a montanha sagrada dos Deuses.
126 Na simbologia budismo do Norte, diz-se que Amitâbha ou "Espaço Infinito" (Parabrahman) tem em seu paraíso dois Bodhisattvas: Kwan-shi-yin e Tashishi, que sempre irradiam luz sobre os três mundos em que viveram, inclusive o nosso (vide nota abaixo), a fim de ajudar com esta luz (de conhecimento) na instrução dos Iogues, que irão, por sua vez, salvar os homens. A posição elevada deles no reino de Amitâbha se deve a ações realizadas pelos dois, como Iogues, quando estavam na Terra, diz a alegoria.
127 São os três planos da existência: o terrestre, o astral e o espiritual.

protetora para a semente que dorme profundamente sob seu seio... é esta neve que deve receber o frio cortante, os ventos do norte, protegendo assim de seus dentes afiados e cruéis a terra que detém a colheita prometida, a colheita que alimentará os que têm fome.

Condenado por ti mesmo a viver através de futuros Kalpas[128], não apreciado e despercebido pelos homens; preso como uma pedra com inúmeras outras pedras que formam o "Muro de Proteção"[129] tal é o teu futuro se passar o sétimo Portal. Construído pelas mãos de muitos Mestres da Compaixão, suscitada pelas suas torturas, cimentado pelo seu sangue, protegendo a humanidade desde que o homem é homem, protegendo-a de misérias e sofrimentos muito maiores.

Além disso, o homem não o vê, não o perceberá, nem ele atenderá a palavra de Sabedoria... porque ele não a conhece.

Mas tu a ouviste, tu sabes tudo, Ó tu de Alma ansiosa e inocente... e tu deves escolher. Então ouça mais uma vez.

No Caminho de Sowan, ó Srotâpatti[130], tu estás seguro. Sim, naquele Mârga[131], onde nada além da escuridão encontra o peregrino cansado, em que mãos dilaceradas pingam sangue, os pés cortados por pedras afiadas e duras, e Mâra empunha seus braços mais fortes... logo depois está uma grande recompensa.

Calmo e impassível, o Peregrino segue pela correnteza que leva ao Nirvâna. Ele sabe que quanto mais seus pés sangrarem, mais purificado ele ficará. Ele sabe bem que depois de sete nascimentos curtos e passageiros o Nirvâna será seu...

Tal é o Caminho Dhyâna, o porto seguro do Iogue, a meta abençoada que os Srotapâttis almejam.

Não será assim quando ele cruzar e vencer o Caminho Aryahata[132].

---

128 Ciclos de várias eras.
129 O "Muro de Proteção" ou "Muro Protetor". Ensina-se que os esforços acumulados de longas gerações de Iogues, Santos e Adeptos, especialmente dos Nirmânakâyas, criaram, por assim dizer, um muro de proteção ao redor da humanidade, que protege invisivelmente a humanidade de males ainda piores.
130 Sowan e Srotapâtti são termos sinônimos.
131 Marga: Caminho.
132 Do sânscrito "Arhat" ou "Arhan".

Lá, Klesha[133] é destruído para sempre, e as raízes de Tanhâs[134] são arrancadas. Mas espere, Discípulo… ainda uma palavra. Você pode destruir a COMPAIXÃO divina? A compaixão não é atributo. É a Lei das Leis… eterna Harmonia, o eu de Alaya; uma essência universal sem fronteiras, a luz do eternamente Correto e a adequação de todas as coisas, a lei do Amor eterno.

Quanto mais você se tornar um com ele, seu ser derretido em seu ser, quanto mais tua Alma se unir com o que é, mais você se tornará COMPAIXÃO ABSOLUTA[135].

Tal é o Caminho Arya, o Caminho dos Buddhas de perfeição.

Mas o que significam os livros sagrados que te fazem dizer:

"OM! Creio que não são todos os Arhats que colhem os doces frutos do Caminho Nirvânico."

"OM! Creio nem todos os Buddhas alcançam o Nirvâna-Dharma."[136]

Sim; no Caminho Arya tu não és mais Srotapâtti, és um Bodhisattva[137]. A corrente foi cruzada. É verdade que tens direito à vestimenta de Dharmakâya; mas o Sambhogakâya é maior do que um Nirvani, e ainda maior é um Nirmânakâya — o Buddha da Compaixão[138].

---

133 Klesha é o amor pelo prazer ou pela satisfação mundana, seja boa ou má.
134 Tanhâ, a vontade de viver, aquilo que provoca o renascimento.
135 Esta "compaixão" não deve ser considerada na mesma luz que "Deus, ou amor divino" dos teístas. Compaixão se apresenta aqui como uma lei abstrata, impessoal, cuja natureza, sendo a Harmonia absoluta, é confundida por discórdia, sofrimento e pecado.
136 Na fraseologia budista do Norte, todos os grandes Arhats, Adeptos e Santos são chamados de Buddhas.
137 Um Bodhisattra é, na hierarquia, menos que um "Buddha perfeito". Na linguagem esotérica, esses dois são muito confundidos. No entanto, a percepção popular inata e correta, devido a esse autossacrifício, coloca o Bodhisattva acima de um Buddha.
138 Esta mesma referência popular chama de "Buddhas da Compaixão" aqueles Bodhisattvas que, tendo alcançado o grau de um Arhat (isto é, completaram o quarto ou sétimo Caminho) se recusam a passar para o estado Nirvânico ou a "vestir o manto Dharmakâya e atravessar para a outra margem", pois então estaria além de seu alcance ajudar os homens, mesmo que o Carma permitisse. Eles preferem permanecer invisíveis (em Espírito, por assim dizer) no mundo, e contribuir para a salvação do homem influenciando-o a seguir a Boa Lei, isto é, conduzi-los ao Caminho da Justiça. Faz parte do Budismo esotérico do Norte honrar todos os grandes personagens como Santos, e até mesmo oferecer orações a eles, como os gregos e católicos fazem aos seus santos e patronos; por outro lado, os ensinamentos esotéricos não admitem tal coisa. Há uma grande diferença entre os dois ensinamentos. O leigo esotérico mal conhece o verdadeiro significado da palavra Nirmanakaja, daí a confusão e as explicações inadequadas dos orientalistas. Por exemplo, Schlagintweit acredita que corpo Nirmânakâya significa a forma física assumida pelos Buddhas quando encarnam na terra, "o menos sublime de seus estorvos terrenos" (vide Budismo no Tibete), e ele passa a dar uma visão inteiramente falsa sobre o assunto. O verdadeiro ensinamento é, no entanto, este:
Os três corpos ou formas búdicas são denominados:
I. Nirmânakâya.
II. Sambhogakâya.
III. Dharmakâya.
A primeira é aquela forma etérea que se assumiria ao sair de seu físico, deixando o corpo astral, tendo, além disso, todo o conhecimento de um Adepto. O Bodhisattva desenvolve essa forma em si mesmo à medida que avança no Caminho. Tendo alcançado a meta e recusado sua fruição, ele permanece na Terra, como Adepto; e quando morrer, em vez de ir ao Nirvâna,

Agora incline tua cabeça e ouça bem, ó Buddha, a Compaixão fala e diz: "Pode haver bem-aventurança quando todas as vidas são obrigadas a sofrer? Você será salvo e ouvirá o mundo inteiro chorar?"

Agora você ouviu o que foi dito.

Alcançará o sétimo estágio e cruzará a porta do conhecimento final, mas apenas para se ligar à dor... se quer ser Tathâgata, siga os passos de seu antecessor, permaneça altruísta até o fim interminável.

Tu és iluminado — escolha o teu caminho.

Eis que a luz suave que alimenta o céu do Oriente. Em sinais de louvor, o céu e a terra se unem. E dos quatro poderes manifestados surge um canto de amor, tanto da chama do Fogo quanto do fluir da Água, e da Terra perfumada e do Vento soprando.

Ouça... do vórtice profundo e insondável, daquela luz dourada em que o Vitorioso se banha, surge em mil tons sem palavras de TODA A NATUREZA para proclamar:

ALEGRIA A VÓS, Ó HOMENS DE MYALBA[139].
UM PEREGRINO VOLTOU "DA OUTRA MARGEM."
NASCEU UM NOVO ARHAN[140].
Paz a todos os seres[141].

---

ele permanece naquele corpo glorioso que teceu para si mesmo, invisível para a humanidade não iniciada, cuidando e protegendo-a.

Sambhogakâya é o mesmo, mas com o brilho adicional de "três perfeições", uma das quais é a obliteração total de todas as preocupações terrenas. O corpo Dharmakâya é o de um Buddha completo, ou seja, não é nenhum corpo, mas um sopro ideal: Consciência fundida na Consciência Universal, ou Alma desprovida de qualquer atributo. Uma vez que passa a ser um Dharmakâya, um Adepto ou Buddha deixa para trás todas as relações possíveis com, ou pensadas para, esta terra. Assim, para poder ajudar a humanidade, um Adepto que conquistou o direito ao Nirvâna, "renuncia ao corpo Dharmakâya" na linguagem mística; mantém, do Sambhogakâya, apenas o grande e completo conhecimento, e permanece em seu corpo Nirmânakâya. A Escola Esotérica ensina que Gautama Buddha, com vários de seus Arhats, é um desses Nirmânakâya, e que, devido à sua grande renúncia e ao seu sacrifício pela humanidade, não há nenhum mais elevado que ele.

139 - Myalba é nossa terra — apropriadamente chamada de "Inferno", e o maior de todos os Infernos, pela Escola Esotérica. A Doutrina Esotérica não conhece inferno, nem lugar de punição, que não seja um planeta ou terra com homem. Avîtchi é um estado, e não um local.

140 - Essa frase significa que nasceu mais Salvador da humanidade, que conduzirá os homens ao Nirvâna final, isto é, após o término do ciclo de vida.

141 - Esta é uma das variações da fórmula que invariavelmente segue todo Tratado, Invocação ou Instrução. "Paz a todos os seres", "Bênçãos sobre tudo o que vive", etc., etc.

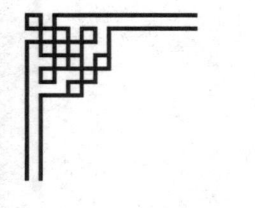

THE VOICE OF
THE SILENCE

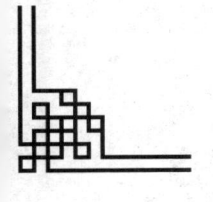

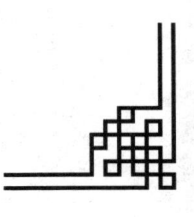

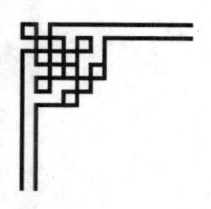

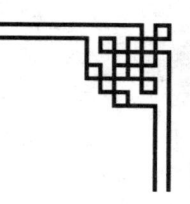

CONTENTS

PREFACE TO THE FIRST EDITION 54

FRAGMENT I
The voice of the silence 57

FRAGMENT II
The two paths 69

FRAGMENT III
The seven portals 81

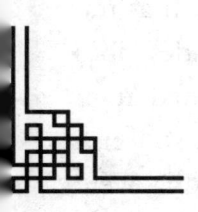

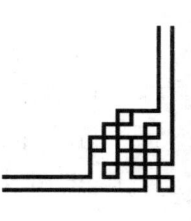

PREFACE TO THE FIRST EDITION

THE following pages are derived from *The Book of the Golden Precepts*, one of the works put into the hands of mystic students in the East. The knowledge of them is obligatory in that School, the teachings of which are accepted by many Theosophists. Therefore, as I know many of these Precepts by heart, the work of translating has been relatively an easy task for me.

It is well known that, in India, the methods of psychic development differ with the Gurus (teachers or masters), not only because of their belonging to different Schools of Philosophy, of which there are six, but because every Guru has his own system, which he generally keeps very secret.

But beyond the Himâlayas the method in the Esoteric Schools does not differ, unless the Guru is simply a Lama, but little more learned than those he teaches.

The work from which I here translate forms part of the same series as that from which the "Stanzas" of the *Book Of Dzyan* were taken, on which the *Secret Doctrine* is based. Together with the great mystic work called *Paramârtha*, which, the legend of *Nâgârjuna* tells us, was delivered to the great Arhat by the Nâgas or "Serpents" — a name given to the ancient Initiates — the *Book of the Golden Precepts* claims the same origin. Yet its maxims and ideas, however noble and original, are often found under different forms in Sanskrit works, such as the *Dnyaneshvari*, that superb mystic treatise in which Krishna describes to Arjuna in glowing colours the condition of a fully illumined Yogi; and again in certain Upanishads. This is but natural, since most, if not all, of the greatest Arhats, the first followers of Gautama Buddha, were

Hindûs and Âryans, not Mongolians, especially those who emigrated into Tibet. The works left by Aryasangha alone are very numerous.

The original *Precepts* are engraved on thin oblongs; copies very often on discs. These discs, or plates, are generally preserved on the altars of the temples attached to centres where the so-called "contemplative" or Mahâyâna (Yogâ chârya) Schools are established. They are written variously, sometimes in Tibetan but mostly in ideographs. The sacer dotal language (Senzar), besides an alphabet of its own, may be rendered in several modes of writing in cypher characters, which partake more of the nature of ideographs than of syllables. Another method *(lug,* in Tibetan) is to use the numerals and colours, each of which corresponds to a letter of the Tibetan alphabet (thirty simple and seventy-four compound letters), thus forming a complete cryptographic alphabet. When the ideographs are used there is a definite mode of reading the text; as in this case the symbols and signs used in astrology, namely, the twelve zodiacal animals and the seven primary colours, each a triplet in shade, *i.e.* the light, the primary, and the dark — stand for the thirty-three letters of the simple alphabet, for words and sentences. For in this method, the twelve "animals" five times repeated and coupled with the five elements and the seven colours, furnish a whole alphabet composed of sixty sacred letters and twelve signs. A sign placed at the beginning of the text determines whether the reader has to spell it according to the Indian mode, when every word is simply a Sanskrit adaptation, or according to the Chinese principle of reading the ideographs. The easiest way, however, is that which allows the reader to use no special, or *any* language he likes, as the signs and symbols were, like the Arabian numerals or figures, common and international property among initiated mystics and their followers. The same peculiarity is characteristic of one of the Chinese modes of writing, which can be read with equal facility by any one acquainted with the character: for instance, a Japanese can read it in his own language as readily as a Chinaman in his.

The *Book of the Golden Precepts* — some of which are pre-Buddhistic while others belong to a later date — contains about ninety distinct little treatises. Of these I learned thirty-nine by heart, years ago. To translate the rest, I should have to resort to notes scattered among a too large number of papers and memoranda collected for the last twenty years and never put in order, to make of it by any means an easy task. Nor could they be all translated and given to a world too selfish and too much attached to objects of sense to be in any way prepared to receive such exalted ethics in the right spirit. For, unless a man perseveres seriously in the pursuit of self-knowledge, he will never lend a willing ear to advice of this nature.

And yet such ethics fill volumes upon volumes in Eastern literature, especially in the *Upanishads*. "Kill out all desire of life," says Krishna to Arjuna. That desire lingers only in the body, the vehicle of the embodied Self, not in the SELF which is "eternal, indestructible, which kills not nor is it killed" *(Kathopanishad)*. "Kill out sensation," teaches *Sutta Nipâla*; "look alike on pleasure and pain, gain and loss, victory and defeat." Again, "Seek shelter in the Eternal alone" *(ibid)*. "Destroy the sense of separateness," repeats Krishna under every form. "The Mind *(Manas)* which follows the rambling senses, makes the Soul *(Buddhi)* as helpless as the boat which the wind leads astray upon the waters" (Bhagavad Gitâ II. 67).

Therefore it has been thought better to make a judicious selection only from those treatises which will best suit the few real mystics in the Theosophical Society, and which are sure to answer their needs. It is only these who will appreciate these words of Krishna-Christos, the "Higher Self":

"Sages do not grieve for the living nor the dead. Never did I not exist, nor you, nor these rulers of men; nor will any one of us ever hereafter cease to be." (Bhagavad Gitâ //. II, 12.)

In this translation, I have done my best to preserve the poetical beauty of language and imagery which characterizes the original. How far this effort has been successful, is for the reader to judge.

"H. P. B."

FRAGMENT I
THE VOICE OF THE SILENCE

THESE instructions are for those ignorant of the dangers of the lower Iddhi.[1]

He who would hear the voice of Nâda,[2] the "Soundless Sound," and comprehend it, he has to learn the nature of Dhâranâ.[3]

Having become indifferent to objects of perception, the pupil must seek out the Râjah of the senses, the Thought-Producer, he who awakes illusion.

The Mind is the great Slayer of the Real. Let the Disciple slay the Slayer.

For...

When to himself his form appears unreal, as do on waking all the forms he sees in dreams;

When he has ceased to hear the many, he may discern the ONE — the inner sound which kills the outer.

Then only, not till then, shall he forsake the region of Asat, the false, to come unto the realm of Sat, the true.

---

[1] The Pâli word Iddhi is the synonym of the Sanskrit Siddhis, or psychic faculties, the abnormal powers in man. There are two kinds of Siddhis. One group which embraces the lower, coarse, psychic and mental energies; the other which exacts the highest training of Spiritual powers. Says Krishna in Shrimad Bhagavat [Bhagavad Gîtâ]: "He who is engaged in the performance of Yoga, who has subdued his senses and who has concentrated his mind in me (Krishna), such Yogis all the Siddhis stand ready to serve."

[2] The "Soundless Voice," or the "Voice of the Silence." Literally perhaps this would read "Voice in the *Spiritual Sound*," as *Náda* is the equivalent word in Sanskrit for the Senzar term.

[3] *Dhâranâ* is the intense and perfect concentration of the mind upon some one interior object, accompanied by complete abstraction from everything pertaining to the external Universe, or the world of the senses.

Before the Soul can see, the Harmony within must be attained, and fleshly eyes be rendered blind to all illusion.

Before the Soul can hear, the image (man) has to become as deaf to roarings as to whispers, to cries of bellowing elephants as to the silvery buzzing of the golden fire-fly.

Before the Soul can comprehend and may remember, she must unto the Silent Speaker be united, just as the form to which the clay is modelled is first united with the potter's mind.

For then the Soul will hear, and will remember. And then to the inner ear will speak —

the Voice of the Silence,

And say:

If thy Soul smiles while bathing in the Sunlight of thy Life; if thy Soul sings within her chrysalis of flesh and matter; if thy Soul weeps inside her castle of illusion; if thy Soul struggles to break the silver thread that binds her to the MASTER;[4] know, O Disciple, thy Soul is of the earth.

When to the World's turmoil thy budding Soul[5] lends ear; when to the roaring voice of the Great Illusion[6] thy Soul responds; when frightened at the sight of the hot tears of pain; when deafened by the cries of distress, thy Soul withdraws like the shy turtle within the carapace of SELFHOOD, learn, O Disciple, of her Silent "God" thy Soul is an unworthy shrine.

When waxing stronger, thy Soul glides forth from her secure retreat; and breaking loose from the protecting shrine, extends her silver thread and rushes onward; when beholding her image on the waves of Space she whispers, "This is I" — declare, O Disciple, that thy Soul is caught in the webs of delusion.[7]

---

4 The "great Master" is the term used by Lanoos or Chelâs to indicate the HIGHER SELF. It is the equivalent of Avalokiteshvara, and the same as Âdi-Buddha with the Buddhist Occultists, Âtmâ the "Self" (the Higher Self) with the Brâhmans, and CHRISTOS with the ancient Gnostics.
5 Soul is used here for the Human Ego or Manas, that which is referred to in our Occult septenary division as the "Human Soul" in contradistinction to the Spiritual and Animal Souls.
6 *Mahâ-máyá* "Great Illusion," the objective Universe.
7 *Sakkâyaditthi*, "delusion" of personality.

This earth, Disciple, is the Hall of Sorrow, wherein are set along the Path of dire probations, traps to ensnare thy EGO by the delusion called "Great Heresy."[8]

This earth, O ignorant Disciple, is but the dismal entrance leading to the twilight that precedes the valley of true light — that light which no wind can extinguish, that light which burns without a wick or fuel.

Saith the Great Law: "In order to become the *knower* of ALL SELF[9] thou hast first of SELF to be the knower." To reach the knowledge of that SELF, thou has to give up Self to Non-Self, Being to Non Being, and then thou canst repose between the wings of the GREAT BIRD. Aye, sweet is rest between the wings of that which is not born, nor dies, but is the AUM[10] throughout eternal ages.[11]

Bestride the Bird of Life, if thou would'st know.[12]

Give up thy life, if thou would'st live.[13]

Three Halls, O weary Pilgrim, lead to the end of toils. Three Halls, O conqueror of Mâra, will bring thee through three states[14] into the fourth,[15] and thence into the seven Worlds,[16] the Worlds of Rest Eternal.

If thou would'st learn their names, then hearken and remember.

The name of the first Hall is IGNORANCE-Avidyâ.

It is the Hall in which thou saw'st the light, in which thou livest and shalt die.[17]

---

8 *Attavâda*, the heresy of the belief in Soul, or rather in the separateness of Soul or *Self* from the One Universal, Infinite SELF.
9 The *Tattvajñâni* is the "knower" or discriminator of the principles in nature and in man; and *Âlmajñâni* is the knower of ÂTMÂ or the Universal ONE SELF.
10 *Kala Hansa*, the "Bird" or Swan. Says the *Nâda vindúpanishad* (Rig Veda) translated by the Kumbakonam Theos. Society — "The syllable A is considered to be its (the bird Hansa's) right wing, U, its left, M, its tail, and the Ardha-mâtrâ (half metre) is said to be its head."
11 Eternity with the Orientals has quite another signification than it has with us. It stands generally for the 100 years or "age" of Brahmâ, the duration of a Mahâ-Kalpa or a period of 311,040,000,000,000 years.
12 Says the same *Nâdavindu*, "A Yogî who bestrides the Hansa (thus contemplates 011 Aum) is not affected by Karmic influences or crores of sins."
13 Give up the life of physical *personality* if you would live in spirit.
14 The three states of consciousness, which are *Jâgrat*, the waking; *Svapna*, the dreaming; and *Sushupti*, the deep sleeping state. These three Yogi conditions lead to the fourth, or —
15 The *Turiya*, that beyond the dreamless state, the one above all, a state of high spiritual consciousness.
16 Some Oriental Mystics locate seven planes of being, the seven spiritual *lokas* or worlds within the body of *Kala Hansa*, the Swan out of Time and Space, convertible into the Swan *in* Time, when it becomes Brahmâ instead of Brahman.
17 The phenomenal world of senses and of terrestrial consciousness-only.

The name of Hall the second is the Hall of LEARNING[18]. In it thy Soul will find the blossoms of life, but under every flower a serpent coiled.[19]

The name of the third Hall is WISDOM, beyond which stretch the shoreless waters of AKSHARA, the in destructible Fount of Omniscience.[20]

If thou would'st cross the first Hall safely, let not thy mind mistake the fires of lust that bum therein for the sunlight of life.

If thou would'st cross the second safely, stop not the fragrance of its stupefying blossoms to inhale. If freed thou would'st be from the karmic chains, seek not for thy Guru in those mâyâvic regions.

The Wise Ones tarry not in pleasure-grounds of senses.

The Wise Ones heed not the sweet-tongued voices of illusion.

Seek for him who is to give thee birth,[21] in the Hall of Wisdom, the Hall which lies beyond, wherein all shadows are unknown, and where the light of truth shines with unfading glory.

That which is uncreate abides in thee, Disciple, as it abides in that Hall. If thou would'st reach it and blend the two, thou must divest thyself of thy dark garments of illusion. Stifle the voice of flesh, allow no image of the senses to get between its light and thine, that thus the twain may blend in one. And having learnt thine own Ajñâna,[22] flee from the Hall of Learning. This Hall is dangerous in its perfidious beauty, is needed but for thy probation. Beware, Lanoo, lest dazzled by illusive radiance thy Soul should linger and be caught in its deceptive light.

18 The Hall of Probationary Learning
19 The astral region, the psychic world of super sensuous perceptions and of deceptive sights — the world of mediums. It is the great "Astral Serpent" of Éliphas Lévi. No blossom plucked in those regions has ever yet been brought down on earth without its serpent coiled round the stem. It is the world of the *Great Illusion*.
20 The region of the full Spiritual Consciousness, beyond which there is no longer danger for him who has reached it.
21 The Initiate, who leads the disciple, through the Knowledge he imparts, to his spiritual, or second birth, is called the Father, Guru or Master.
22 *Ajñâna* is ignorance or non-wisdom, the opposite of Knowledge, *Jnâna*.

This light shines from the jewel of the Great Ensnarer, (Mâra).[23] The senses it bewitches, blinds the mind, and leaves the unwary an abandoned wreck.

The moth attracted to the dazzling flame of thy night lamp is doomed to perish in the viscid oil. The unwary Soul that fails to grapple with the mocking demon of illusion, will return to earth the slave of Mâra.

Behold the Hosts of Souls. Watch how they hover o'er the stonny sea of human life, and how, exhausted, bleeding, broken-winged, they drop one after other on the swelling waves. Tossed by the fierce winds, chased by the gale, they drift into the eddies and disappear within the first great vortex.

If through the Hall of Wisdom, thou would'st reach the Vale of Bliss, Disciple, close fast thy senses against the great dire heresy of Separateness that weans thee from the rest.

Let not thy "Heaven-Born," merged in the sea of Mâyâ, break from the Universal Parent (Soul), but let the fiery power retire into the inmost chamber, the chamber of the Heart,[24] and the abode of the World's Mother.[25]

Then from the heart that Power shall rise into the sixth, the middle region, the place between thine eyes, when it becomes the breath of the ONE-SOUL, the voice which filleth all, thy Master's voice.

'Tis only then thou canst become a "Walker of the Sky,"[26] who treads the winds above the waves, whose step touches not the waters.

---

23 *Mâra* is in exoteric religions a demon, an Asura, but in Esoteric Philosophy it is personified temptation through men's vices, and translated literally means "that Which kills" the Soul. It is represented as a King (of the *Mârâs*) with a crown in which shines a jewel of such lustre that it blinds those who look at it, this lustre referring, of course, to the fascination exercised by vice upon certain natures.
24 The *inner* chamber of the Heart, called in Sanskrit *Brahma-pura*. The "fiery power" is *Kundalini*.
25 The "Power" and the "World-Mother" are names given to *Kundalini* — one of the mystic "Yogi powers." It is *Buddhi* considered as an active instead of a passive principle (which it is generally, when regarded only as the Vehicle, or casket of the Supreme Spirit ÂTMÂ). It is an electro-spiritual force, a creative power which when aroused into action can as easily Kill as it can create.
26 *Keshara* or "sky-walker" or "goer." As explained in the 6th Adhyâya of that king of mystic works the *Dnyaneshvari* — the body of the Yogi becomes as one *formed of the wind*; as "a cloud from which limbs have sprouted out," after which — "he (the Yogi) beholds the things beyond the seas and stars; he hears the language of the Devas and comprehends it, and perceives what is passing in the mind of the ant."

Before thou set'st thy foot upon the ladder's upper rung, the ladder of the mystic sounds, thou hast to hear the voice of thy inner God[27] in seven manners.

The first is like the nightingale's sweet voice chanting a song of parting to its mate.

The second comes as the sound of a silver cymbal of the Dhyânis, awakening the twinkling stars.

The next is as the plaint melodious of the ocean-sprite imprisoned in its shell.

And this is followed by the chant of Vinâ.[28]

The fifth like sound of bamboo-flute shrills in thine ear.

It changes next into a trumpet-blast.

The last vibrates like the dull rumbling of a thunder cloud.

The seventh swallows all the other sounds. They die, and then are heard no more.

When the six[29], are slain and at the Master's feet are laid, then is the pupil merged into the ONE,[30] becomes that ONE and lives therein.

Before that path is entered, thou must destroy thy lunar body,[31] cleanse thy mind-body[32] and make clean thy heart.

Eternal life's pure waters, clear and crystal, with the monsoon tempest's muddy torrents cannot mingle.

Heaven's dew-drop glittering in the morn's first sun beam within the bosom of the lotus, when dropped on earth becomes a piece of clay; behold, the pearl is now a speck of mire.

Strive with thy thoughts unclean before they over power thee. Use them as they will thee, for if thou sparest them and they take root and grow, know well, these thoughts will overpower

---

27 The Higher SELF.
28 *Vinâ* is an Indian stringed instrument like a lute.
29 The six principles; meaning when the lower personality is destroyed and the inner individuality is merged into and lost in the Seventh or Spirit.
30 The disciple is one with Brahman or ATMÂ
31 The astral form produced by the *Kârmic* principle, the *Kâma-rúpa*, or body of desire.
32 *Mânasa-rúpa*. The first refers to the astral or *personal* Self; the second to the individuality, or the reïncarnating *Ego* Whose consciousness on our plane, or the *lower Manas*, has to be paralyzed.

and kill thee. Beware, Disciple, suffer not, e'en though it be their shadow, to approach. For it will grow, increase in size and power, and then this thing of darkness will absorb thy being before thou hast well realized the black foul monster's presence.

Before the "mystic Power"³³ can make of thee a God, Lanoo, thou must have gained the faculty to slay thy lunar form at will.

The Self of Matter and the SELF of Spirit can never meet. One of the twain must disappear; there is no place for both.

Ere thy Soul's mind can understand, the bud of personality must be crushed out; the worm of sense destroyed past resurrection.

Thou canst not travel on the Path before thou hast become that Path³⁴ itself.

Let thy Soul lend its ear to every cry of pain like as the lotus bares its heart to drink the morning sun.

Let not the fierce Sun dry one tear of pain before thyself hast wiped it from the sufferer's eye.

But let each burning human tear drop on thy heart and there remain; nor ever brush it off, until the pain that caused it is removed.

These tears, O thou of heart most merciful, these are the streams that irrigate the fields of charity immortal. 'Tis on such soil that grows the midnight blossom of Buddha,³⁵ more difficult to find, more rare to view, than is the flower of the Vogay tree. It is the seed of freedom from rebirth. It isolates the Arhat both from strife and lust, it leads him through the fields of Being unto the peace and bliss known only in the land of Silence and Non-Being.

---

33 *Kundalini* is called the "Serpentine" or the *annular* power on account of its spiral-like working or progress in the body of the ascetic developing the power in himself. It is an electric fiery occult or Fohatic power, the great pristine force which underlies all organic and inorganic matter.
34 This "Path" is mentioned in all the Mystic Works. As Krishna says in the *Dnyaneshvari*: "When this Path is beheld... whether one sets out to the bloom of the east, or to the chambers of the west, *without moving*, O holder of the bow, *is the traveling in this road*. In this path, to whatever place one would go, *that plane one's own self becomes*." "Thou art the Path," is said to the Adept Guru, and by the latter to the disciple, after initiation. "I am the way and the Path," says another MASTER.
35 Adeptship — the "blossom of *Bodhisattva*."

Kill out desire; but if thou killest it, take heed lest from the dead it should again arise.

Kill love of life; but if thou slayest Tanha,[36] let this not be for thirst of life eternal but to replace the fleeting by the everlasting.

Desire nothing. Chafe not at Karma, nor at Nature's changeless laws. But struggle only with the personal, the transitory, the evanescent and the perishable.

Help Nature and work on with her; and Nature will regard thee as one of her creators and make obeisance.

And she will open wide before thee the portals of her secret chambers, lay bare before thy gaze the treasures hidden in the very depths of her pure virgin bosom. Unsullied by the hand of Matter, she shows her treasures only to the eye of Spirit — the eye which never closes, the eye for which there is no veil in all her kingdoms.

Then will she show thee the means and way, the first gate and the second, the third, up to the very seventh.

And then, the goal; beyond which lie, bathed in the sunlight of the Spirit, glories untold, unseen by any save the eye of Soul.

There is but one road to the Path; at its very end alone the Voice of the Silence can be heard. The ladder by which the candidate ascends is formed of rungs of suffering and pain; these can be silenced only by the voice of virtue. Woe, then, to thee, Disciple, if there is one single vice thou hast not left behind; for then the ladder will give way and overthrow thee; its foot rests in the deep mire of thy sins and failings, and ere thou canst attempt to cross this wide abyss of matter thou hast to lave thy feet in Waters of Renunciation. Beware lest thou should'st set a foot still soiled upon the ladder's lowest rung. Woe unto him who dares pollute one rung with miry feet. The foul and viscous mud will dry, become tenacious, then glue his feet unto the spot; and like a bird caught in the wily fowler's lime, he will be stayed

---

36 *Tanhâ* — "*the* will to live," the fear of death and love for life, that force or energy which causes rebirth.

from further progress. His vices will take shape and drag him down. His sins will raise their voices like as the jackal's laugh and sob after the sun goes down; his thoughts become an army, and bear him off a captive slave.

Kill thy desires, Lanoo, make thy vices impotent, 'ere the first step is taken on the solemn journey.

Strangle thy sins, and make them dumb for ever, before thou dost lift one foot to mount the ladder.

Silence thy thoughts and fix thy whole attention on thy Master, whom yet thou dost not see, but whom thou feelest.

Merge into one sense thy senses, if thou would'st be secure against the foe. 'Tis by that sense atone which lies concealed within the hollow of thy brain, that the steep path which leadeth to thy Master may be disclosed before thy Soul's dim eyes.

Long and weary is the way before thee, O Disciple. One single thought about the past that thou hast left behind, will drag thee down and thou wilt have to start the climb anew.

Kill in thyself all memory of past experiences. Look not behind or thou art lost.

Do not believe that lust can ever be killed out if gratified or satiated, for this is an abomination inspired by Mâra. It is by feeding vice that it expands and waxes strong, like to the worm that fattens on the blossom's heart.

The rose must re-become the bud, born of its parent stem before the parasite has eaten through its heart and drunk its life-sap.

The golden tree puts forth its jewel-buds before its trunk is withered by the storm.

The Pupil must regain the child state it has lost 'ere the first sound can fall upon his ear.

The light from the ONE MASTER, the one unfading golden light of Spirit, shoots its effulgent beams on the Disciple from the very first. Its rays thread through the thick, dark clouds of Matter.

Now here, now there, these rays illumine it, like sun sparks light the earth through the thick foliage of the jungle growth. But, O Disciple, unless the flesh is passive, head cool, the Soul as firm and pure as flaming diamond, the radiance will not reach the chamber, its sunlight will not warm the heart, nor will the mystic sounds of the âkâshic heights[37] reach the ear, however eager, at the initial stage.

Unless thou hear'st, thou canst not see.

Unless thou seest, thou canst not hear. To hear and see, this is the second stage.

When the Disciple sees and hears, and when he smells and tastes, eyes closed, ears shut, with mouth and nostrils stopped; when the four senses blend and ready are to pass into the fifth, that of the inner touch — then into stage the fourth he hath passed on.

And in the fifth, O slayer of thy thoughts, all these again have to be killed beyond reanimation.[38]

Withhold thy mind from all external objects, all external sights. Withhold internal images, lest on thy Soul-light a dark shadow they should cast.

Thou art now in DHÂRANÂ,[39] the sixth stage.

When thou hast passed into the seventh, O happy one, thou shalt perceive no more the sacred Three,[40] for thou shalt have become that Three thyself. Thyself and mind, like twins upon a line, the star which is thy goal burns overhead.[41] The Three that dwell

---

37 The mystic sounds, or the melody, heard by the ascetic at the beginning of his cycle of meditation, called *Anâhad-shabd* by the Yogis.
38 This means that in the sixth stage of development which, in the Occult system, is *Dhâranâ*, every sense as an individual faculty has to be "killed" (or paralyzed) on this plane, passing into and merging with the Seventh sense, the most spiritual.
39 See No. 3.
40 Every stage of development in *Râja Yoga* is symbolized by a geometrical figure. This one is the sacred *Triangle* and precedes *Dhâranâ*. The Δ is the sign of the high Chelâs, while another kind of triangle is that of high Initiates. It is the symbol "I" discoursed upon by Buddha and used by him as a symbol of the embodied form of Tathâgata when released from the three methods of the *Prajña*. Once the preliminary and lower stages passed, the disciple sees no more the Δ but the abbreviation of the full, Septenary. Its true *form is not given here, as it is almost sure to be pounced upon by some charlatans and* — desecrated in its use for fraudulent purposes.
41 The star that burns overhead is "the star of initiation." The caste-mark of Shaivas, or devotees of the sect of Shiva, the great patron of all Yogis, is a black round spot, the symbol of the Sun now, perhaps, but that of the star of initiation, in Occultism, in clays of old.

in glory and in bliss ineffable, now in the World of Mâyâ have lost their names. They have become one star, the fire that burns but scorches not, that fire which is the Upâdhi⁴² of the Flame.

And this, O Yogî of success, is what men call Dhyâna,⁴³ the right precursor of Samâdhi.⁴⁴

And now thy Self is lost in SELF, Thyself unto THYSELF, merged in THAT SELF from which thou first didst radiate.

Where is thy individuality, Lanoo, where the Lanoo himself? It is the spark lost in the fire, the drop within the ocean, the ever-present ray become the All and the eternal radiance.

And now, Lanoo, thou art the doer and the witness, the radiator and the radiation, Light in the Sound, and the Sound in the Light.

Thou art acquainted with the five impediments, O blessed one. Thou art their conqueror, the Master of the sixth, deliverer of the four modes of Truth.⁴⁵ The light that falls upon them shines from thyself, O thou who wast Disciple, but art Teacher now.

And of these modes of Truth...

Hast thou not passed through knowledge of all misery — truth the first?

Hast thou not conquered the Mâras' King at Tsi, the portal of assembling — truth the second?⁴⁶

Hast thou not sin at the third gate destroyed, and truth the third attained?

---

42 The basis, upâdhi, of the ever unreachable FLAME, so long as the ascetic is still in this life.
43 Dhyâna is the last stage before the final on this Earth, unless one becomes a full MAHÂTMA. As said already, in this state the Râj Yogî is yet spiritually conscious of Self, and the working of his higher principles. One step more, and he will be on the plane beyond the Seventh, the fourth according to some Schools. These, after the practice of *Pratychara* — a preliminary training, in order to control one's mind and thoughts — count Dhâsena, Dhyâna and Samâdhi and embrace the three under the generic name of SANNYAMA.
44 Samâdhi is the state in which the ascetic loses the consciousness of every individuality, including his own. He becomes — the ALL.
45 "The four modes of truth" are, in Northern Buddhism; *Ku*, "suffering or misery"; *Tu*, the assembling of temptations; *Mu*, "their destructions"; and *Tau*, the "path."
The "five impediments" are the knowledge of misery, truth about human frailty, oppressive restraints, and the absolute necessity of separation from all the ties of passion, and even of desires. The "Path of Salvation" is the last one.
46 At the portal of the "assembling," the King of the Mârâs, the Mahá Mára, stands trying to blind the candidate by the radiance of his "Jewel."

Hast thou not entered Tau, the "Path" that leads to knowledge — the fourth truth?[47]

And now, rest 'neath the Bodhi tree, which is perfection of all knowledge, for, know, thou art the Master of Samâdhi — the state of faultless vision.

Behold! thou hast become the Light, thou hast be come the Sound, thou art thy Master and thy God. Thou art THYSELF the object of thy search: the VOICE unbroken, that resounds throughout eternities, exempt from change, from sin exempt, the Seven Sounds in one,

the Voice of the Silence.

Om Tat Sat.

---

[47] This is the fourth "Path" out of the five paths of rebirth which lead and toss all human beings into perpetual states of sorrow and joy. These "Paths" are but subdivisions of the One, the Path followed by Karma.

FRAGMENT II

THE TWO PATHS

―◦◇◆◇◦―

AND now, O Teacher of Compassion, point thou the way to other men. Behold, all those who knocking for admission, await in ignorance and darkness, to see the gate of the Sweet Law flung open!

The voice of the Candidates:

Shalt not thou, Master of thine own Mercy, reveal the Doctrine of the Heart?[48] Shalt thou refuse to lead thy Servants unto the Path of Liberation?

Quoth the Teacher:

The Paths are two; the great Perfections three; six are the Virtues that transform the body into the Tree of Knowledge.[49]

Who shall approach them?

Who shall first enter them?

Who shall first hear the doctrine of two Paths in one, the truth unveiled about the Secret Heart?[50] The Law which, shunning learning, teaches Wisdom, reveals a tale of woe.

---

48 The two schools of Buddha's doctrine, the Esoteric and the Exoteric, are respectively called the Heart and the Eye Doctrine. The Bodhidharma, Wisdom Religion in China whence the names reached Tibet-called them the Tsung men (Esoteric) and Kiau-men (Exoteric school). The former is so named, because it is the teaching which emanated from Gautama Buddha's *heart*, whereas the Eye Doctrine Was the work of his head or brain. The Heart Doctrine is also called "the seal of truth" or the "true seal," a symbol found on the heading of almost all Esoteric works.

49 The "tree of knowledge" is a title given by the followers of the Bodhidharma to those who have attained the height of mystic knowledge — Adepts. Nâgârjuna, the founder of the Mâdhyamika School, was called the "Dragon Tree," Dragon standing as a symbol of Wisdom and Knowledge. The tree is honoured because it is under the Bodhi (wisdom) Tree that Buddha received his birth and enlightenment, preached his first sermon, and died.

50 "Secret Heart" is the Esoteric Doctrine.

Alas, alas, that all men should possess Âlaya, be one with the Great Soul, and that possessing it, Âlaya should so little avail them!

Behold how like the moon, reflected in the tranquil waves, Âlaya is reflected by the small and by the great, is mirrored in the tiniest atoms, yet fails to reach the heart of all. Alas, that so few men should profit by the gift, the priceless boon of learning truth, the right perception of existing things, the knowledge of the non-existent!

Saith the pupil:

O Teacher, what shall I do to reach to Wisdom?

O Wise one, what, to gain perfection?

Search for the Paths. But, O Lanoo, be of clean heart before thou startest on thy journey. Before thou takest thy first step, learn to discern the real from the false, the ever-fleeting from the everlasting. Learn above all to separate Head-learning from Soul-wisdom, the "Eye" from the "Heart" doctrine.

Yea, ignorance is like unto a closed and airless vessel; the soul a bird shut up within. It warbles not, nor can it stir a feather; but the songster mute and torpid sits, and of exhaustion dies.

But even ignorance is better than Head-learning with no Soul-wisdom to illuminate and guide it.

The seeds of Wisdom cannot sprout and grow in airless space. To live and reap experience, the mind needs breadth and depth and points to draw it towards the Diamond Soul.[51] Seek not those points in Mâyâ's realm; but soar beyond illusions, search the eternal and the changeless SAT,[52] mistrusting fancy's false suggestions.

---

51 "Diamond Soul," *Vajrasattva*, a title of the supreme Buddha, the "Lord of all Mysteries," called Vajradhara and Âdi-Buddha.
52 SAT, the one Eternal and Absolute Reality and Truth, all the rest being illusion.

For mind is like a mirror; it gathers dust while it reflects.[53] It needs the gentle breezes of Soul-wisdom to brush away the dust of our illusions. Seek, O Beginner, to blend thy Mind and Soul.

Shun ignorance, and likewise shun illusion. Avert thy face from world deceptions: mistrust thy senses; they are false. But within thy body — the shrine of thy sensations — seek in the Impersonal for the "Eternal Man",[54] and having sought him out, look inward: thou art Buddha.[55]

Shun praise, O Devotee. Praise leads to self-delusion. Thy body is not Self, thy SELF is in itself without a body, and either praise or blame affects it not.

Self-gratulation, O Disciple, is like unto a lofty tower, up which a haughty fool has climbed. Thereon he sits in prideful solitude and unperceived by any but himself.

False learning is rejected by the Wise, and scattered to the Winds by the Good Law. Its wheel revolves for all, the humble and the proud. The "Doctrine of the Eye"[56] is for the crowd; the "Doctrine of the Heart" for the elect. The first repeat in pride: "Behold, I know"; the last, they who in humbleness have garnered, low confess: "Thus have I heard."[57]

"Great Sifter" is the name of the "Heart Doctrine," O Disciple.

The wheel of the Good Law moves swiftly on. It grinds by night and day. The worthless husks it drives from out the golden grain, the refuse from the flour. The hand of Karma guides the wheel; the revolutions mark the beatings of the karmic heart.

True knowledge is the flour, false learning is the husk. If thou would'st eat the bread of Wisdom, thy flour thou hast to knead

---

53 From Shin-Sien's Doctrine, who teaches that the human mind is like a mirror which attracts and reflects every atom of dust, and has to be, like that mirror, watched over and dusted every day. Shin-Sien was the sixth Patriarch of North China, who taught the Esoteric Doctrine of Bodhidharma.
54 The reïncarnating Ego is called by the Northern Buddhists the "true man," who becomes, in union with his Higher Self, a Buddha.
55 "Buddha" means "Enlightened."
56 See No. 46. The Exoteric Buddhism of the masses.
57 The usual formula that precedes the Buddhist Scriptures, meaning, that that which follows is what has been recorded by direct oral tradition from Buddha and the Arhats.

with Amrita's[58] clear waters. But if thou kneadest husks with Mâyâ's dew, thou canst create but food for the black doves of death, the birds of birth, decay and sorrow.

If thou art told that to become Arhan thou hast to cease to love all beings-tell them they lie.

If thou art told that to gain liberation thou hast to bate thy mother and disregard thy son; to disavow thy father and call him "householder";[59] for man and beast all pity to renounce — tell them their tongue is false.

Thus teach the Tîrthikas, the unbelievers.[60]

If thou art taught that sin is born of action and bliss of absolute inaction, then tell them that they err. Non permanence of human action; deliverance of mind from thraldom by the cessation of sin and faults, are not for "Deva Egos."[61] Thus saith the "Doctrine of the Heart."

The Dharma of the "Eye" is the embodiment of the external, and the non-existing.

The Dharma of the "Heart" is the embodiment of Bodhi,[62] the Permanent and Everlasting.

The Lamp burns bright when wick and oil are clean. To make them clean a cleaner is required. The flame feels not the process of the cleaning. "The branches of a tree are shaken In the wind; the trunk remains unmoved."

Both action and inaction may find room in thee; thy body agitated, thy mind tranquil, thy Soul as limpid as a mountain lake.

Would'st thou become a Yogô of "Time's Circle"? Then, O Lanoo:

---

58 Immortality.
59 Rathapâla, the great Arhat, thus addresses his father in the legend called Rathapâla Sûtrasanne. But as all such legends are allegorical (e.g. Rathapâla's father has a mansion with seven doors) hence the reproof, to those who accept them literally.
60 Brâhman ascetics.
61 The reïncarnating Ego.
62 True, divine Wisdom.

Believe thou not that sitting in dark forests, in proud seclusion and apart from men; believe thou not that life on roots and plants, that thirst assuaged with snow from the great Range — believe thou not, O Devotee, that this will lead thee to the goal of final liberation.

Think not that breaking bone, that rending flesh and muscle, unites thee to thy "silent Self."[63] Think not that when the sins of thy gross form are conquered, O Victim of thy Shadows,[64] thy duty is accomplished by nature and by man.

The blessed ones have scorned to do so. The Lion of the Law, the Lord of Mercy,[65] perceiving the true cause of human woe, immediately forsook the sweet but selfish rest of quiet wilds. From Aranyaka[66] He became the Teacher of mankind. After Julaï[67] had entered the Nirvâna, He preached on mount and plain, and held discourses in the cities, to Devas, men and Gods.[68]

Sow kindly acts and thou shalt reap their fruition. Inaction in a deed of mercy becomes an action in a deadly sin.

Thus saith the Sage.

Shalt thou abstain from action? Not so shall gain thy soul her freedom. To reach Nirvâna one must reach Self-Knowledge, and Self-Knowledge is of loving deeds the child.

Have patience, Candidate, as one who fears no failure, courts no success. Fix thy Soul's gaze upon the star whose ray thou art,[69] the flaming star that shines within the lightless depths of ever-being, the boundless fields of the Unknown.

Have perseverance as one who doth for evermore endure. Thy shadows live and vanish;[70] that which in thee shall live for ever,

---

63 The "Higher Self," the "seventh" principle.
64 Our physical bodies are called "Shadows" in the mystic schools.
65 Buddha.
66 A forest, a desert. Aranyaukas, a hermit who retires to the jungles and lives in a forest, when becoming a Yogi.
67 Julaï is the Chinese name for Tathâgata, a title applied to every Buddha.
68 All the Northern and Southern traditions agree in showing Buddha quitting his solitude as soon as he had resolved the problem of life i.e., received the inner enlightenment and teaching mankind publicly.
69 Every spiritual EGO is a ray of a "Planetary Spirit," according to Esoteric teaching.
70 "Personalities" or physical bodies called "shadows" are evanescent.

that which in thee *knows*, for it is knowledge,[71] is not of fleeting life: it is the Man that was, that is, and will be, for whom the hour shall never strike.

If thou would'st reap sweet peace and rest, Disciple, sow with the seeds of merit the fields of future harvests. Accept the woes of birth.

Step out from sunlight into shade, to make more room for others. The tears that water the parched soil of pain and sorrow bring forth the blossoms and the fruits of Karmic retribution. Out of the furnace of man's life and its black smoke, winged flames arise, flames purified, that soaring onward, 'neath the Karmic eye, weave in the end the fabric glorified of the three vestures of the Path.[72]

These vestures are: Nirmânakâya, Sambhogakâya, and Dharmakâya, robe Sublime.[73]

The Shangna robe,[74] 'tis true, can purchase light eternal. The Shangna robe alone gives the Nirvâna of destruction; it stops rebirth, but, O Lanoo, it also kills compassion. No longer can the perfect Buddhas, who don the Dharmakâya glory, help man's salvation. Alas! Shall SELVES be sacrificed to Self; mankind, unto the weal of Units?

Know, O beginner, this is the *Open* PATH, the way to selfish bliss, shunned by the Bodhisattvas of the "Secret Heart," the Buddhas of Compassion.

To live to benefit mankind is the first step. To practise the six glorious virtues[75] is the second.

---

71 *Mind (Manas)* the thinking Principle or EGO in man, is referred to "Knowledge" itself, because the human Egos are called Mánasa-putras, the sons of (universal) Mind.
72 Vide under, No. 138.
73 Ibid.
74 The Shangna robe, from Shangnawsu of Rajagriha, the third great Arhat or "Patriarch," as the Orientalists call the hierarchy of the thirty-three Arhats who spread Buddhism. "Shangna robe" means metaphorically, the acquirement of Wisdom with which the Nirvâna of destruction (of personality) is entered. Literally, the "initiation robe" of the Neophytes. Edkins states that this *"grass cloth"* was brought to China from Tibet in the Tong Dynasty. *"When an Arhan is born this plant is found growing in a clean spot,"* says the Chinese as also the Tibetan legend. To *"practise the Pâramitâ Path"* means to become a Yogî with a view of becoming an ascetic.
75 To "practise the Pâramitâ Path" means to become a Yogî with a view of becoming an ascetic.

To don Nirmânakâya's humble robe is to forego eternal bliss for Self, to help on man's salvation. To reach Nirvâna's bliss but to renounce it, is the supreme, the final step — the highest on Renunciation's Path.

Know, O Disciple, this is the *Secret* PATH, selected by the Buddhas of Perfection, who sacrificed the SELF to weaker Selves.

Yet, if the "Doctrine of the Heart" is too high winged for thee, if thou needest help thyself and fearest to offer help to others — then, thou of timid heart, be warned in time: remain content with the "Eye Doctrine" of the Law. Hope still. For if the "Secret Path" is unattainable this "day," it is within thy reach "tomorrow."[76] Learn that no efforts, not the smallest — whether in right or wrong direction — can vanish from the world of causes. E'en wasted smoke remains not traceless. "A harsh word uttered in past lives is not destroyed, but ever comes again."[77] The pepper plant will not give birth to roses, nor the sweet jessamine's silver star to thorn or thistle turn.

Thou canst create this "day" thy chances for thy "morrow." In the "Great Journey,"[78] causes sown each hour bear each its harvest of effects, for rigid Justice rules the World. With mighty sweep of never erring action, it brings to mortals lives of weal or woe, the Karmic progeny of all our former thoughts and deeds.

Take then as much as merit hath in store for thee, O thou of patient heart. Be of good cheer and rest content with fate. Such is thy Karma, the Karma of the cycle of thy births, the destiny of those who, in their pain and sorrow, are born along with thee, rejoice and weep from life to life, chained to thy previous actions.

Act thou for them "to-day," and they will act for thee "to-morrow."

---

76 "Tomorrow" means the following rebirth or reïncarnation.
77 Precepts of the Prasanga School.
78 "Great Journey," or the whole complete cycle of existences, in one "Round."

'Tis from the bud of Renunciation of the Self, that springeth the sweet fruit of final Liberation.

To perish doomed is he, who out of fear of Mâra refrains from helping man, lest he should act for Self. The pilgrim who would cool his weary limbs in running waters, yet dares not plunge for terror of the stream, risks to succumb from heat. Inaction based on selfish fear can bear but evil fruit.

The selfish devotee lives to no purpose. The man who does not go through his appointed work in life-has lived in vain.

Follow the wheel of life; follow the wheel of duty to race and kin, to friend and foe, and close thy mind to pleasures as to pain. Exhaust the law of Karmic retribution. Gain Siddhis for thy future birth.

If Sun thou canst not be, then be the bumble planet. Aye, if thou art debarred from flaming like the noon-day Sun upon the snow-capped mount of purity eternal, then choose, O Neophyte, a bumbler course.

Point out the "Way" — however dimly, and lost among the host — as does the evening star to those who tread their path in darkness.

Behold Migmar,[79] as in his crimson veils his "Eye" sweeps over slumbering Earth. Behold the fiery aura of the "Hand" of Lhagpa[80] extended in protecting love over the heads of his ascetics. Both are now servants to Nyima[81] left in his absence silent watchers in the night. Yet both in Kalpas past were bright Nyimas, and may in future "Days" again become two Suns. Such are the falls and rises of the Karmic Law in nature.

Be, O Lanoo, like them. Give light and comfort to the toiling pilgrim, and seek out him who knows still less than thou; who in his wretched desolation sits starving for the bread of Wisdom

---

79 Mars.
80 Mercury.
81 *Nyima*, the Sun in Tibetan Astrology. *Migmar* or Mars is symbolized by an "Eye," and *Lhagpa* or Mercury by a "Hand."

and the bread which feeds the shadow, without a Teacher, hope or consolation, and-let him bear the Law.

Tell him, O Candidate, that he who makes of pride and self-regard bond-maidens to devotion; that he, who cleaving to existence, still lays his patience and submission to the Law, as a sweet flower at the feet of Shâkya-Thub-pa,[82] becomes a Srotâpatti[83] in this birth.

The Siddhis of perfection may loom far, far away; but the first step is taken, the stream is entered, and he may gain the eye-sight of the mountain eagle, the hearing of the timid doe.

Tell him, O Aspirant, that true devotion may bring him back the knowledge, that knowledge which was his in former births. The deva-sight and deva-hearing are not obtained in one short birth.

Be humble, if thou would'st attain to Wisdom.

Be humbler still, when Wisdom thou hast mastered.

Be like the Ocean which receives all streams and rivers. The Ocean's mighty calm remains unmoved; it feels them not.

Restrain by thy Divine thy lower Self.

Restrain by the Eternal the Divine.

Aye, great is he, who is the slayer of desire.

Still greater he, in whom the Self Divine has slain the very knowledge of desire.

Guard thou the Lower lest it soil the Higher. The way to final freedom is within thy SELF. That way begins and ends outside of Self.[84]

Unpraised by men and humble is the mother of all rivers, in Tîrthika's[85] proud sight; empty the human form though filled with Amrita's sweet waters, in the sight of fools. Withal, the

---

82 Buddha.
83 *Srotâpatti* or "he who enters in the stream" of Nirvâna, unless he reaches the goal owing to some exceptional reasons, can rarely attain Nirvâna in one birth. Usually a Chelâ is said to begin the ascending effort in one life and end or reach it only in his seventh succeeding birth.
84 Meaning the personal lower "Self."
85 An ascetic Brâhman, visiting holy shrines, especially sacred bathing-places.

birth-place of the sacred rivers is the sacred land,[86] and he who Wisdom hath, is honoured by all men.

Arhans and Sages of the boundless Vision[87] are rare as is the blossom of the Udumbara tree. Arhans are born at midnight hour, together with the sacred plant of nine and seven stalks,[88] the holy flower that opes and blooms in darkness, out of the pure dew and on the frozen bed of snow-capped heights, heights that are trodden by no sinful foot.

No Arhan, O Lanoo, becomes one in that birth when for the first the Soul begins to long for final liberation. Yet, O thou anxious one, no warrior volunteering fight in the fierce strife between the living and the dead,[89] not one recruit can ever be refused the right to enter on the Path that leads toward the field of Battle.

For, either he shall win, or he shall fall.

Yea, if he conquers, Nirvâna shall be his. Before he casts his shadow off his mortal coil, that pregnant cause of anguish and illimitable pain — in him will men a great and holy Buddha honour.

And if he falls, e'en then he does not fall in vain; the enemies he slew in the last battle will not return to life in the next birth that will be his.

But if thou would'st Nirvâna reach, or cast the prize away,[90] let not the fruit of action and inaction be thy motive, O thou of dauntless heart.

Know that the Bodhisattva who Liberation changes for Renunciation to don the miseries of "Secret Life,"[91] is called "thrice Honoured," O thou candidate for woe throughout the cycles.

---

86 Tírthikas are the Brâhmanical Sectarians "beyond" the Himâlayas, called "infidels" by the Buddhists in the Sacred Land, Tibet, and *vice versâ*.
87 Boundless Vision or psychic, superhuman sight. An Arhan is credited with "seeing" and knowing all at a distance as well as on, the spot.
88 Vide above, No. 67: Shangna plant.
89 The "living" is the immortal Higher Ego, and the dead" — the lower personal Ego.
90 Vide under, No. 138.
91 The "Secret Life" is life as a Nirmânakâya.

The PATH is one, Disciple, yet in the end, two-fold. Marked are its stages by four and seven Portals. At one end-bliss immediate, and at the other — bliss deferred. Both are of merit the reward: the choice is thine.

The One becomes the two, the *Open* and the *Secret*.[92] The first one leadeth to the goal, the second, to Self Immolation.

When to the Permanent is sacrificed the Mutable, the prize is thine: the drop returneth whence it came. The *Open* PATH leads to the changeless change-Nirvâna, the glorious state of Absoluteness, the Bliss past human thought.

Thus, the first Path is LIBERATION.

But Path the second is — RENUNCIATION, and therefore called the "Path of Woe."

That *Secret* Path leads the Arhan to mental woe unspeakable; woe for the living Dead,[93] and helpless pity for the men of Karmic sorrow; the fruit of Karma Sages dare not still.

For it is written: "Teach to eschew all causes; the ripple of effect, as the great tidal wave, thou shalt let run its course."

The "Open Way," no sooner hast thou reached its goal, will lead thee to reject the Bodhisattvic body, and make thee enter the thrice glorious state of Dharmakâya,[94] which is oblivion of the World and men for ever.

The "Secret Way" leads also to Paranirvânic bliss — but at the close of Kalpas without number; Nirvânas gained and lost from boundless pity and compassion for the world of deluded mortals.

But it is said: "The last shall be the greatest." Samyak Sambuddha, the Teacher of Perfection, gave up his SELF for the salvation of the World, by stopping at the threshold of Nirvâna-the pure state.

Thou hast the knowledge now concerning the two Ways. Thy time will come for choice, O thou of eager Soul, when thou hast reached the end and passed the seven Portals. Thy mind is clear.

---

92 The "Open" and the "Secret Path" — or the one taught to the layman, the exoteric and the generally accepted, and the other the Secret Path-the nature of which is ex plained at Initiation.
93 Men ignorant of the Esoteric truths and Wisdom are called "the living Dead."
94 Vide under, No. 138.

No more art thou entangled in delusive thoughts, for thou hast learned all. Unveiled stands Truth and looks thee sternly in the face. She says:

"Sweet are the fruits of Rest and Liberation for the sake of *Self*; but sweeter still the fruits of long and bitter duty. Aye, Renunciation for the sake of others, of suffering fellow men."

He, who becomes Pratyeka-Buddha,[95] makes his obeisance but to his *Self.* The Bodhisattva who has won the battle, who holds the prize within his palm, yet says in his divine compassion:

"For others' sake this great reward I yield" accomplishes the greater Renunciation.

A *Saviour of the World* is he.

Behold! The goal of bliss and the long Path of Woe are at the furthest end. Thou canst choose either, O aspirant to Sorrow, throughout the coming cycles!

Om Vajrapâni hum.

---

[95] *Pratyeka Buddhas* are those Bodhisattvas who strive after and often reach the Dharmakâya robe after a series of lives. Caring nothing for the woes of mankind or to help it, but only for their own *bliss,* they enter Nirvâna and — disappear from the sight and the hearts of men. In Northern Buddhism a "Pratyeka Buddha" is a synonym of spiritual Selfishness.

FRAGMENT III
THE SEVEN PORTALS

"UPÂDHYÂYA,[96] the choice is made, I thirst for Wisdom. Now hast thou rent the veil before the secret Path and taught the greater Yâna.[97] Thy servant here is ready for thy guidance."

'Tis well, Shrâvaka.[98] Prepare thyself, for thou wilt have to travel on alone. The Teacher can but point the way. The Path is one for all, the means to reach the goal must vary with the Pilgrims.

Which wilt thou choose, O thou of dauntless heart? The Samtan[99] of "Eye Doctrine," fourfold Dhyâna, or thread thy way through Pâramitâs,[100] six in number, noble gates of virtue leading to Bodhi and to Prajnâ, seventh step of Wisdom?

The rugged Path of fourfold Dhyâna winds on uphill Thrice great is he who climbs the lofty top.

The Pâramitâ heights are crossed by a still steeper path. Thou hast to fight thy way through portals seven, seven strongholds held by cruel crafty Powers-passions incarnate.

---

96 *Upâdhyâya* is a spiritual preceptor, a Guru. The Northern Buddhists choose these generally among the *Narjol*, saintly men, learned in *gotrabhu-jñana and jñana-darshanashuddhi*, teachers of the Secret Wisdom.
97 *Yána* — vehicle: thus *Mahâyána* is the "Great Vehicle," and *Hinayána*, the "Lesser Vehicle," the names for two Schools of religions and philosophical learning in Northern Buddhism.
98 *Shrâvaka* — a listener, or student who attends to the religious instructions. From the root *Shru*. When from theory he goes into practice or performance of asceticism, he becomes a *Shrámanas*, "exerciser," from *Shrama*, action. As Hardy shows, the two appellations answer to the words ἀκουστικοὶ and ἀσκηταὶ of the Greeks.
99 *Samtan* (Tibetan), the same as the Sanskrit *Dhyána*, or the state of meditation, of which there are four degrees.
100 *Pàramitâs*, the six transcendental virtues; for the priests there are ten.

Be of good cheer, Disciple; bear in mind the golden rule. Once thou hast passed the gate Srotâpatti,[101] "he who the stream hath entered"; once thy foot hath pressed the bed of the Nirvânic stream in this or any future life; thou hast but seven other births before thee, O thou of adamantine Will.

Look on. What seest thou before thine eye, O aspirant to God-like Wisdom?

"The cloak of darkness is upon the deep of matter; within its folds I struggle. Beneath my gaze it deepens, Lord; it is dispelled beneath the waving of thy hand. A shadow moveth, creeping like the stretching serpent coils... It grows, swells out, and disappears in darkness."

It is the shadow of thyself outside the PATH, cast on the darkness of thy sins.

"Yea, Lord; I see the PATH; its foot in mire its summit lost in glorious light Nirvânic. And now I see the ever narrowing Portals on the hard and thorny way to Jñâna."[102]

Thou seest well, Lanoo. These portais lead the aspirant across the waters on "to the other shore".[103]

Each Portal hath a golden key that openeth its gate; and these keys are:

1. DÂNA, the key of charity and love immortal.

2. SHÎLA, the key of Harmony in word and act, the key that counterbalances the cause and the effect, and leaves no further room for Karmic action.

3. KSHÂNTI, patience sweet, that nought can ruffle.

---

101 *Srotâpatti-(lit.)* "he who has entered the stream" that leads to the Ninrânic ocean. This name indicates the *first* Path. The name of the *second* is the Path of *Sakridá gámin*, "he who will receive birth (only) once more." The *third* is called *Anágámin* "he who will no more reïncarnated no more," unless he so desires in order to help mankind. The *fourth* Path is known as that of *Rahat* or *Arhat*. This is the highest. An Arhat sees Nirvâna during his life. For him it is no *post-mortem* state, but *Samâdhi*, during which he experiences all Nirvânic bliss. How little one can rely upon the Orientalists for the exact words and meaning, is instanced in the case of three "alleged" authorities. Thus the four names just explained are given by R. Spence Hardy as: I. Sowân: 2. Sakradâgâmi; 3. Anâgâmi, and 4. Ârya. By the Rev. J. Edkins they are given as: 1. Srotâpanna; 2. Sagardagam; 3. Anâgânim, and 4. Arhan. Schlagintweit again spells them differently, each, moreover, giving another and a new variation in the meaning of the terms.
102 Knowledge, Wisdom.
103 "Arrival at the shore" is with the Northern Buddhists synonymous with reaching Nirvâna through the exercise of the six and the ten *Pâramitâs* (virtues).

4. VIRÂGA, indifference to pleasure and to pain, illusion conquered, truth alone perceived.

5. VÎRYA, the dauntless energy that fights its way to the supernal TRUTH, out of the mire of lies terrestrial.

6. DHYÂNA, whose golden gate once opened leads the Narjol[104] toward the realm of Sat eternal and its ceaseless contemplation.

7. PRAJNÂ, the key to which makes of a man a God, creating him a Bodhisattva, son of the Dhyânis.

Such to the Portals are the golden keys.

Before thou canst approach the last, O weaver of thy freedom, thou hast to master these Pâramitâs of perfection-the virtues transcendental six and ten in number-along the weary Path.

For, O Disciple! before thou wert made fit to meet thy Teacher face to face, thy MASTER light to light, what wert thou told?

Before thou canst approach the foremost gate thou hast to learn to part thy body from thy mind, to dissipate the shadow, and to live in the eternal. For this, thou hast to live and breathe in all, as all that thou perceivest breathes in thee; to feel thyself abiding in all things, all things in SELF.

Thou shalt not let thy senses make a playground of thy mind.

Thou shalt not separate thy being from BEING, and the rest, but merge the Ocean in the drop, the drop within the Ocean.

So shalt thou be in full accord with all that lives; bear love to men as though they were thy brother-pupils, disciples of one Teacher, the sons of one sweet mother.

Of teachers there are many; the Master-Soul is one,[105] Alaya, the Universal Soul. Live in that MASTER as ITS ray in thee. Live in thy fellows as they live in IT.

Before thou standest on the threshold of the Path; before thou crossest the foremost Gate, thou hast to merge the two into the

---

104 A Saint, an Adept.
105 The "MASTER-SOUL" is Âlaya the Universal Soul or Âtmâ, each man having a ray of it in him and being supposed to be able to identify himself with and to merge himself into it.

One and sacrifice the personal to SELF impersonal, and thus destroy the "path" between the two-Antaskarana.[106]

Thou hast to be prepared to answer. Dharma, the stem law, whose voice will ask thee at thy first, at thy initial step:

"Hast thou complied with all the roles, O thou of lofty hopes?"

"Hast thou attuned thy heart and mind to the great mind and heart of all mankind? For as the sacred River's roaring voice whereby all Nature-sounds are echoed back,[107] so must the heart of him 'who in the stream would enter,' thrill in résponse to every sigh and thought of all that lives and breathes."

Disciples may be likened to the strings of the soul echoing Vinâ; mankind, unto its sounding board; the hand that sweeps it to the tuneful breath of the GREAT WORLD-SOUL. The string that fails to answer 'neath the Master's touch in dulcet harmony with all the others, breaks-and is cast away. So the collective minds of Lanoo-Shrâvakas. They have to be attuned to the Upâd hyâya's mind-one with the Over-Soul — or, break away.

Thus do the "Brothers of the Shadow" — the murderers of their Souls, the dread Dad-Dugpa clan.[108]

Hast thou attuned thy being to Humanity's great pain, O candidate for light?

Thou hast? . . . Thou mayest enter. Yet, ere thou settest foot upon the dreary Path of Sorrow, 'tis well thou should'st first learn the pitfalls on thy way.

---

[106] *Anfaskarana* is the lower *Jllanas*, the Path of communication or communion between the personality and the higher *Manas* or human Soul. At death it is destroyed as a Path or medium of communication, and its remains survive in a form as the Kâmarúpa — the "shell."

[107] The Northern Buddhists, and all Chinamen, in fact, find in the deep roar of some of the great and sacred rivers the key-note of Nature. Hence the simile. It is a well-known fact in Physical Science, as well as in Occultism, that the aggregate sound of Nature — such as is heard in the roar of great rivers, the noise produced by the waving tops of trees in large forests, or that of a city heard at a distance — is a definite single tone of quite an appreciable pitch. This is shown by physicists and musicians. Thus Prof. Rice *(Chinese Music)* shows that the Chinese recognized the fact thousands of years ago by saying that "the waters of the Hoang-ho rushing by, intoned the kung," called "the great tone" in Chinese music; and he shows this tone corresponding with the F, "considered by modem physicists to be the actual tonic of Nature." Professor B. Silliman mentions it, too, in his *Principles of Physics*, saying that "this tone is held to be the middle F of the piano; which may, therefore, be considered the key-note of Nature."

[108] The *Bhons* or *Dugpas*, the sect of the "Red Caps," are regarded as the most versed in sorcery. They inhabit Western and Little Tibet and Bhutan. They are all Tantrikas. It is quite ridiculous to find Orientalists who have visited the borderlands of Tibet, such as Schlagintweit and others, confusing the rites and disgusting practices of these with the religious beliefs of the Eastern Lamas, the "Yellow Caps," and their Narjols or holy men. The following is an instance (See under, No. 110).

Armed with the key of Charity, of love and tender mercy, thou art secure before the gate of Dâna, the gate that standeth at the entrance of the PATH.

Behold, O happy Pilgrim! The portal that faceth thee is high and wide, seems easy of access. The road that leads therethrough is straight and smooth and green. 'Tis like a sunny glade in the dark forest depths, a spot on earth mirrored from Amitâbha's paradise. There, nightingales of hope and birds of radiant plumage sing perched in green bowers, chanting success to fearless Pilgrims. They sing of Bodhisattvas' virtues five, the fivefold source of Bodhi power, and of the seven steps in Knowledge.

Pass on! For thou hast brought the key; thou art secure.

And to the second gate the way is verdant too. But it is steep and winds up hill; yea, to its rocky top. Grey mists will overhang its rough and stony height, and all be dark beyond. As on he goes, the song of hope soundeth more feeble in the pilgrim's heart. The thrill of doubt is now upon him; his step less steady grows.

Beware of this, O candidate! Beware of fear that spreadeth, like the black and soundless wings of midnight bat, between the moonlight of thy Soul and thy great goal that loometh in the distance far away.

Fear, O Disciple, kills the will and stays all action. If lacking in the Shîla virtue — the pilgrim trips, and Karmic pebbles bruise his feet along the rocky path.

Be of sure foot, O candidate. In Kshânti's[109] essence bathe thy Soul; for now thou dost approach the portal of that name, the gate of fortitude and patience.

---

109 Kshànti, "patience;" vide supra the enumeration of the golden keys.

Close not thine eyes, nor lose thy sight of Dorje;[110] Mâra's arrows ever smite the man who has not reached Virâga.[111]

Beware of trembling. 'Neath the breath of fear the key of Kshânti rusty grows: the rusty key refuseth to unlock.

The more thou dost advance, the more thy feet pitfalls will meet. The Path that leadeth on, is lighted by one fire-the light of daring, burning in the heart. The more one dares, the more he shall obtain. The more he fears, the more that light shall pale and that alone can guide. For as the lingering sunbeam, that on the top of some tall mountain shines, is followed by black night when out it fades, so is heart-light. When out it goes, a dark and threatening shade will fall from thine own heart upon the Path, and root thy feet in terror to the spot.

Beware, Disciple, of that lethal shade. No light that shines from Spirit can dispel the darkness of the nether Soul, unless all selfish thought has fled therefrom, and that the pilgrim saith: "I have renounced this passing frame; I have destroyed the cause: the shadows cast can, as effect, no longer be." For now the last great fight, the final war between the Higher and the Lower Self, hath taken place. Behold the very battlefield is now engulfed in the great war, and is no more.

But once that thou hast passed the gate of Kshânti step the third is taken. Thy body is thy slave. Now, for the fourth prepare, the Portal of temptations which do ensnare the *inner* man.

Ere thou canst near that goal, before thine hand is lifted to upraise the fourth gate's latch, thou must have mastered all the mental changes in thy Self, and slain the army of the thought

---

110 *Dorje* is the Sanskrit Vajra, a weapon or instrument in the hands of some gods (the Tibetan Dragshed, the Devas who protect men), and is regarded as having the same Occult power of repelling evil influences by purifying the air as Ozone in chemistry. It is also a Mudrâ, a gesture and posture used in sitting for meditation. It is, in short, a symbol of power over invisible evil influences, whether as a posture or a talisman. The *Bhons* or *Dugpas*, however, having appropriated the symbol, misuse it for purposes of Black Magic. With the "Yellow Caps," or Gelugpas, it is a symbol of power, as the Cross is with the Christians, while it is in no way more "superstitious." With the Dugpas, it is, like the double triangle reversed, the sign of sorcery.

111 Virâga is the feeling of absolute indifference to the objective universe, to pleasure and to pain. "Disgust" does not express its meaning, yet it is akin to it.

sensations that, subtle and insidious, creep unasked within the Soul's bright shrine.

If thou would'st not be slain by them, then must thou harmless make thy own creations, the children of thy thoughts, unseen, impalpable, that swarm round humankind, the progeny and heirs to man and his terrestrial spoils. Thou hast to study the voidness of the seeming full, the fulness of the seeming void. O fearless Aspirant, look deep within the well of thine own heart, and answer. Knowest thou of Self the powers, O thou perceiver of external shadows?

If thou dost not — then art thou lost.

For, on Path fourth, the lightest breeze of passion or desire will stir the steady light upon the pure white walls of Soul. The smallest wave of longing or regret for Mâyâ's gifts illusive, along Antaskarana — the path that lies between thy Spirit and thy self, the highway of sensations, the rude arousers of Ahankâra[112] — a thought as fleeting as the lightning flash will make thee thy three prizes forfeit — the prizes thou hast won.

For know, that the ETERNAL knows no change.

"The eight dire miseries forsake for evermore; if not, to wisdom, sure, thou canst not come, nor yet to liberation," saith the great Lord, the Tathâgata of perfection, "he who has followed in the footsteps of his predecessors."[113]

Stern and exacting is the virtue of Virâga. If thou its Path would'st master, thou must keep thy mind and thy perceptions far freer than before from killing action.

Thou hast to saturate thyself with pure Alaya, be come as one with Natures Soul-Thought. At one with it thou art invincible; in separation, thou becomest the playground of Samvritti,[114] origin of all the world's delusions.

---

112 Ahankára — the "I" or feeling of one's personality, the ' I-am-ness."
113 "One who walks in the steps of his predecessors" or "those who came before him," is the true meaning of the name *Tathágata*.
114 *Samvritti* is that one of the two truths which demon strates the illusive character or emptiness of all things. It is relative truth in this case. The *Mahâyâna* school teaches the difference between these two truths — *Paramârthasatyâ* and *Samvritisatyâ* (Satyâ "truth"). This is the bone of contention between the *Madhyamikâs* and the *Yogachâryas*, the former denying and the latter affirming that every object exists owing to a previous cause or by a concatenation. The *Mâdhyamikas* are the great Nihilists and Deniers, for whom everything is *parikalpita*, an illusion and an error in the world of thought and the subjective, as much as in the objective universe. The *Yogáchâryas* are the great spiritualists. *Samvritti*, therefore, as only relative truth, is the origin of all illusion.

All is impermanent in man except the pure bright essence of Alaya. Man is its crystal ray; a beam of light immaculate within, a form of clay material upon the lower surface. That beam is thy life-guide and thy true Self, the Watcher and the silent Thinker, the victim of thy lower Self. Thy Soul cannot be hurt but through thy erring body; control and master both, and thou art safe when crossing to the nearing "Gate of Balance."

Be of good cheer, O daring pilgrim "to the other shore." Heed not the whisperings of Mâra's hosts; wave off the tempters, those ill-natured Sprites, the jealous Lhamayin[115] in endless space.

Hold firm! Thou nearest now the middle Portal, the gate of Woe, with its ten thousand snares.

Have mastery o'er thy thoughts, O striver for perfection, if thou would'st cross its threshold.

Have mastery o'er thy Soul, O seeker after truths undying, if thou would'st reach the goal.

Thy Soul-gaze centre on the One Pure Light, the Light that is free from affection, and use thy golden Key.

The dreary task is done, thy labour well-nigh o'er. The wide abyss that gaped to swallow thee is almost spanned.

Thou hast now crossed the moat that circles round the gate of human passions. Thou hast now conquered Mâra and his furious host.

Thou hast removed pollution from thine heart and bled it from impure desire. But, O thou glorious combatant, thy task is not yet done. Build high, Lanoo, the wall that shall hedge in the Holy Isle,[116] the dam that will protect thy mind from pride and satisfaction at thoughts of the great feat achieved.

A sense of pride would mar the work. Aye, build it strong, lest the fierce rush of battling waves, that mount and beat its

---

115 *Lhamayin* are elementals and evil spirits adverse to men, and their enemies.
116 The Higher Ego, or Thinking Self

shore from out the great World Mâyâ's Ocean, swallow up the pilgrim and the isle-yea, even when the victory's achieved.

Thine "Isle" is the deer, thy thoughts the hounds that weary and pursue his progress to the stream of Life. Woe to the deer that is o'ertaken by the barking fiends before he reach the Vale of Refuge-Dhyâna-Mârga, "path of pure knowledge" named.

Ere thou canst settle in Dhyâna-Mârga[117] and call it thine, thy Soul has to become as the ripe mango fruit: as soft and sweet as its bright golden pulp for others' woes, as hard as that fruit's stone for thine own throes and sorrows, O Conqueror of Weal and Woe.

Make hard thy: Soul against the snares of *Self*; deserve for it the name of "Diamond-Soul."[118]

For, as the diamond buried deep within the throbbing heart of earth can never mirror back the earthly lights, so are thy mind and Soul; plunged in Dhyâna Mârga, these must mirror nought of Mâyâ's realm illusive.

When thou hast reached that state, the Portals that thou hast to conquer on the Path fling open wide their gates to let thee pass, and Nature's strongest mights possess no power to stay thy course. Thou wilt be master of the sevenfold Path: but not till then, O candidate for trials passing speech.

Till then, a task far harder still awaits thee: thou hast to feel thyself ALL-THOUGHT, and yet exile all thoughts from out thy Soul.

Thou hast to reach that fixity of mind in which no breeze, however strong, can waft an earthly thought within. Thus purified, the shrine must of all action, sound, or earthly light be void; e'en as the butterfly, o'ertaken by the frost, falls lifeless at the threshold-so must all earthly thoughts fall dead before the fane.

Behold it written:

---

117 *Dhyána-Márga* is the "Path of *Dhyána*," literally; or the *Path of pure knowledge*, of *Paramártha* or (Sanskrit) *Svasamvedana*, "the self-evident or self-analyzing reflection."
118 *Vide* above, No. 49. "Diamond-Soul" or *Vajradhara* presides over the *Dhyáni Buddhas*.

"Ere the gold flame can burn with steady light, the lamp must stand well guarded in a spot free from all wind."[119] Exposed to shifting breeze, the jet will flicker and the quivering flame cast shades deceptive, dark and ever-changing, on the Soul's white shrine.

And then, O thou pursuer of the truth, thy Mind Soul will become as a mad elephant, that rages in the jungle. Mistaking forest trees for living foes, he perishes in his attempts to kill the ever-shifting shadows dancing on the wall of sunlit rocks.

Beware, lest in the care of Self thy Soul should lose her foothold on the soil of Deva-knowledge.

Beware, lest in forgetting SELF, thy Soul lose o'er its trembling mind control, and forfeit thus the due fruition of its conquests.

Beware of change! For change is thy great foe. This change will fight thee off, and throw thee back, out of the Path thou treadest, deep into viscous swamps of doubt.

Prepare, and be forewarned in time. If thou hast tried and failed, O dauntless fighter, yet lose not courage: fight on, and to the charge return again and yet again.

The fearless warrior, his precious life-blood oozing from his wide and gaping wounds, will still attack the foe, drive him from out his stronghold, vanquish him, ere he himself expires. Act then, all ye who fail and suffer, act like him; and from the stronghold of your Soul chase all your foes away-ambition, anger, hatred, e'en to the shadow of desire-when even you have failed...

Remember, thou that fightest for man's liberation,[120] each failure is success, and each sincere attempt wins its reward in time. The holy germs that sprout and grow unseen in the disciple's soul, their stalks wax strong at each new trial, they bend

---

119 Bhagavad Gîtâ.
120 This is an allusion to a well-known belief in the East (as in the West, too, for the matter of that) that every additional Buddha or Saint is a new soldier in the army of those who work for the liberation or salvation of mankind. In Northern Buddhist countries, where the doctrine of *Nirmânakâyas-those Bodhisattvas* who renounce well-earned Nirvâna or the *Dharmakâya* vesture (both of which shut them out for ever from the world of men) in order to invisibly assist mankind and lead it finally to Paranirvâna-is taught, every new *Bodhisattva*, or initiated great Adept, is called the "liberator of mankind." The statement made by Schlagintweit in his *Buddhism in Tibet* to the effect that *Prulpai Ku* or *Nirmanakâya* is "the *body* in which the Buddhas or Bodhisattvas appear upon earth to teach men" — is absurdly inaccurate and explains nothing.

like reeds but never break, nor can they e'er be lost. But when the hour has struck they blossom forth.[121]

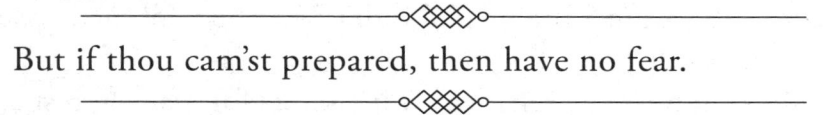

But if thou cam'st prepared, then have no fear.

Henceforth thy way is clear right through the Virya gate, the fifth one of the Seven Portals. Thou art now on the way that leadeth to the Dhyâna haven, the sixth, the Bodhi Portal.

The Dhyâna gate is like an alabaster vase, white and transparent; within there burns a steady golden fire, the flame of Prajnâ that radiates from Âtmâ.

Thou art that vase.

Thou hast estranged thyself from objects of the senses, travelled on the "Path of seeing," on the "Path of hearing," and standest in the light of Knowledge. Thou hast now reached Titiksha state.[122]

O Narjol, thou art safe.

Know, Conqueror of Sins, once that a Sowanee[123] hath cross'd the seventh Path, all Nature thrills with joyous awe and feels subdued. The silver star now twinkles out the news to the night-blossoms, the stream let to the pebbles ripples out the tale; dark ocean waves will roar it to the rocks surf-bound, scent-laden breezes sing it to the vales, and stately pines mysteriously whisper: "A Master has arisen, a MASTER OF THE DAY."[124]

He standeth now like a white pillar to the west, upon whose face the rising Sun of thought eternal poureth forth its first most glorious waves. His mind, like a becalmed and boundless ocean, spreadeth out in shoreless space. He holdeth life and death in his strong hand.

---

121 A reference to human passions and sins which are slaughtered during the trials of the novitiate, and serve as well-fertilized soil in which "holy germs" or seeds of transcendental virtues may germinate. Preëxisting or *innate* virtues, talents or gifts are regarded as having been acquired in a previous birth. Genius is without exception a talent or aptitude brought from another birth.
122 *Titiksha* is the fifth state of *Râja* Yoga — one of supreme indifference; submission, if necessary, to what is called "pleasures and pains for all," but deriving neither pleasure nor pain from such submission — in short, the becoming physically, mentally, and morally indifferent and insensible to either pleasure or pain.
123 *Sowance* is one who practises *Sowan*, the first path in *Dhyâna*, a Srotâpatti.
124 "Day" means here a whole *Manvantara*, a period of incalculable duration.

Yea, he is mighty. The living power made free in him, that power which is HIMSELF, can raise the tabernacle of illusion high above the Gods, above great Brahm and Indra. Now he shall surely reach his great reward!

Shall he not use the gifts which it confers for his own rest and bliss, his well-earn'd weal and glory — he, the subduer of the Great Delusion?

Nay, O thou candidate for Nature's hidden lore! If one would follow in the steps of holy Tathâgata, those gifts and powers are not for Self.

Would'st thou thus dam the waters born on Sumeru?[125] Shalt thou divert the stream for thine own sake, or send it back to its prime source along the crests of cycles?

If thou would'st have that stream of hard-earn'd knowledge, of Wisdom heaven-born, remain sweet running waters, thou should'st not leave it to become a stagnant pond.

Know, if of Amitâbha, the "Boundless Age," thou would'st become co-worker, then must thou shed the light acquired, like to the Bodhisattvas twain,[126] upon the span of all three worlds.[127]

Know that the stream of superhuman knowledge and the Deva-Wisdom thou hast won, must, from thy self, the channel of Alaya, be poured forth into another bed.

Know, O Narjol, thou of the Secret Path, its pure fresh waters must be used to sweeter make the Ocean's bitter waves — that mighty sea of sorrow formed of the tears of men.

Alas! when once thou hast become like the fix'd star in highest heaven, that bright celestial orb must shine from out the spatial depths for all — save for itself; give light to all, but take from none.

Alas! when once thou hast become like the pure snow in mountain vales, cold and unfeeling to the touch, warm and

---

125 Mount Meru, the sacred mountain of the Gods.
126 In the Northern Buddhist symbology, Amitâbha or "Boundless Space" (Parabrahman) is said to have in his paradise two *Bodhisattvas* — Kwan-shi-yin and Tashishi — who ever radiate light over the three worlds where they lived, including our own (*vide* No. 127), in order to help with this light (of knowledge) in the instruction of Yogis, who will, in their turn, save men. Their exalted position in Amitâbha's realm is due to deeds of mercy performed by the two, as such Yogis, when on earth, says the allegory.
127 These three worlds are the three planes of being, the terrestrial, astral and the spiritual.

protective to the seed that sleepeth deep beneath its bosom — 'tis now that snow which must receive the biting frost, the northern blasts, thus shielding from their sharp and cruel tooth the earth that bolds the promised harvest, the harvest that will feed the hungry.

Self-doomed to live through future Kalpas,[128] unthanked and unperceived by men; wedged as a stone with countless other stones which form the "Guardian Wall,"[129] such is thy future if the seventh Gate thou passest. Built by the hands of many Masters of Compassion, raised by their tortures, by their blood cemented, it shields mankind, since man is man, protecting it from further and far greater misery and sorrow.

Withal man sees it not, will not perceive it, nor will he heed the word of Wisdom... for he knows it not.

But thou hast heard it, thou knowest all, O thou of eager, guileless Soul and thou must choose. Then hearken yet again.

On Sowan's Path, O Srotâpatti,[130] thou art secure. Aye, on that Mârga,[131] where nought but darkness meets the weary pilgrim, where torn by thorns the hands drip blood, the feet are cut by sharp, unyielding flints, and Mâra wields his strongest arms-there lies a great reward *immediately* beyond.

Calm and unmoved the Pilgrim glideth up the stream that to Nirvâna leads. He knoweth that the more his feet will bleed, the whiter will himself be washed. He knoweth well that after seven short and fleeting births Nirvâna will be his:

Such is the Dhyâna Path, the haven of the Yogi, the blessed goal that Srotâpattis crave.

Not so when he hath crossed and won the Âryahata[132] Path.

---

128 Cycles of ages.
129 The "Guardian Wall" or the "Wall of Protection." It is taught that the accumulated efforts of long generations of Yogis, Saints and Adepts, especially of the *Nirmânakâyas*, have created, so to say, a wall of protection around mankind, which wall shields mankind invisibly from still worse evils.
130 Sowan and Srotâpatti are synonymous terms.
131 Mârga — "Path."
132 From the Sanskrit Arhat or Arhan.

There Klesha[133] is destroyed for ever, Tanha's[134] roots torn out. But stay, Disciple. Yet one word. Canst thou destroy divine COMPASSION? Com passion is no attribute. It is the Law of LAWS-eternal Harmony, Alaya's SELF; a shoreless universal essence, the light of everlasting Right, and fitness of all things, the law of Love eternal.

The more thou dost become at one with it, thy being melted in its BEING, the more thy Soul unites with that which Is, the more thou wilt become COMPASSION ABSOLUTE.[135]

Such is the Ârya Path, Path of the Buddhas of perfection.

Withal, what mean the sacred scrolls which make thee say?

"OM! I believe it is not all the Arhats that get of the Nirvânic Path the sweet fruition."

"OM! I believe that the Nirvâna-Dharma is entered not by all the Buddhas."[136]

Yea; on the Arya Path thou art no more Srotâpatti, thou art a Bodhisattva.[137] The stream is cross'd. 'Tis true thou hast a right to Dharmakâya vesture; but Sambogakâya is greater than a Nirvânee, and greater still is a Nirmânakâya — the Buddha of Compassion.[138]

---

133 *Klesha* is the love of pleasure or of worldly enjoyment, evil or good.
134 *Tanha*, the will to live, that which causes rebirth.
135 This "compassion" must not be regarded in the same light as "God, the divine love" of the Theists. Compassion stands here as an abstract, impersonal law, whose nature, being absolute Harmony, is thrown into confusion by discord, suffering and sin.
136 In the Northern Buddhist phraseology all the great Arhats, Adepts and Saints are called Buddhas.
137 A *Bodhisattva* is, in the hierarchy, less than a "perfect Buddha." In the exoteric parlance these two are very much confused. Yet the innate and right popular perception, owing to that self-sacrifice, has placed a Bodhisattva higher in its reverence than a Buddha.
138 This same popular reverence calls "Buddhas of Compassion" those Bodhisattvas who, having reached the rank of an Arhat (i.e., have completed the *fourth or seventh* Path), refuse to pass into the Nirvânic state or "don the *Dharmakâya* robe and cross to the other shore," as it would then become beyond their power to assist men even so little as Karma permits. They prefer to remain invisibly (in Spirit, so to speak) in the world, and contribute toward man's salvation by influencing them to follow the Good Law, *i.e*, lead them on the Path of Righteousness. It is part of the exoteric Northern Buddhism to honour all such great characters as Saints, and to offer even prayers to them, as the Greeks and Catholics do to their Saints and Patrons; on the other hand, the Esoteric teachings countenance no such thing. There is a great difference between the two teachings. The exoteric layman hardly knows the real meaning of the word. *Nirmânakâya* — hence the confusion and inadequate explanations of the Orientalists. For example, Schlagintweit believes that *Nirmánakâya*-body means the physical form assumed by the Buddhas when they incarnate on earth "the least sublime of their earthly encumbrances" (vide *Buddhism in Tibet*) and he proceeds to give an entirely false view on the subject. The real teaching is, however, this:
The three Buddhic bodies or forms are styled:
Nirmânakâya·
Sambhogakâya·
Dharmakâya·
The first is that ethereal form which one would assume when leaving his physical be would appear in his astral body having in addition all the knowledge of an Adept. The Bodhisattva develops it in himself as be proceeds on the Path. Having reached the goal and refused its fruition, he remains on Earth, as an Adept; and when he dies, instead of going into Nirvâna, he remains in that glorious body he has woven for himself, invisible to uninitiated mankind, to watch over and protect it.
Sambhogakâya is the same, but with the additional lustre of "three perfections," one of which is entire obliteration of all earthly concerns.
The *Dharmakâya* body is that of a complete Buddha, *i.e.*, no body at all, but an ideal breath: Consciousness merged in the

Now bend thy head and listen well, O Bodhisattva — Compassion speaks and saith: "Can there be bliss when all that lives must suffer? Shalt thou be saved and hear the whole world cry?"

Now thou hast heard that which was said.

Thou shalt attain the seventh step and cross the gate of final knowledge, but only to wed woe-if thou would'st be Tathâgata, follow upon thy predecessor's steps, remain unselfish till the endless end.

Thou art enlightened-choose thy way.

Behold, the mellow light that floods the Eastern sky. In signs of praise both heaven and earth unite. And from the four-fold manifested Powers a chant of love ariseth, both from the flaming Fire and flowing Water, and from sweet-smelling Earth and rushing Wind.

Hark!... from the deep unfathomable vortex of that golden light in which the Victor bathes, ALL NATURE's wordless voice in thousand tones ariseth to proclaim:

JOY UNTO YE, Ü MEN OF MYALBA.[139]
A PILGRIM HATH RETURNED BACK
"FROM THE OTHER. SHORE."
A NEW ARHAN[140] IS BORN.
Peace to all beings.[141]

Universal Consciousness, or Soul devoid of every attribute. Once a *Dharmakâya*, an Adept or Buddha leaves behind every possible relation with; or thought for, this earth. Thus, to be enabled to help humanity, an Adept who has won the right to Nirvâna, "renounces the *Dharmakâya* body" in mystic parlance; keeps, of the *Sambhogakâya*, only the great and complete knowledge, and remains in his Nirmânakaya body. The Esoteric School teaches that Gautama Buddha, with several of his Arhats, is such a Nirmânakâya, higher than whom, on account of the great renunciation and sacrifice for mankind, there is none known.

139 Myalba is our earth-pertinently called "Hell," and the greatest of all Hells, by the Esoteric School. The Esoteric Doctrine knows of no hell, or place of punishment, other than a man-bearing planet or earth. *Avitchi* is a state, and not a locality.

140 Meaning that a new and additional Saviour of mankind is born, who will lead men to final Nirvâna, *i.e.*, after the end of the life-cycle.

141 This is one of the variations of the formula that invariably follows every Treatise, Invocation or Instruction. "Peace to all beings," "Blessings on all that lives," etc.

**CONFIRA NOSSOS
LANÇAMENTOS AQUI!**

Camelot
EDITORA

CamelotEditora